《解构中国电视》丛书　李岭涛　主编

评价电视

——中国电视节目影响力评价体系研究

李岭涛　王　艳　李冬梅　著

中国国际广播出版社

目录

绪 论[①]

电视节目评价是指一定的组织机构按照一定的指标、方法和体系对电视节目的生产、播出和播后影响力等进行的单项或综合的评估。电视节目的评价指数和分析报告可以引导受众的收视意向与行为和电视从业者的创作与生产活动。在新兴媒体迅猛发展的当今时代，电视媒体的整体社会影响力有不断下滑的趋势，电视媒体亟须从传统媒体转型为全媒体，受众多屏收看电视节目已经成为一种趋势。电视媒体人一方面焦灼于年青一代受众从电视机前不断流失，惶恐于新媒体对受众和用户的争夺；另一方面困惑着电视受众的真实需求在哪里，电视节目如何才能重拾影响力。

只有电视节目评价体系的不断创新，才能搭建起电视从业者与电视受众之间沟通的桥梁。在当下我国的电视节目制播环境下，一个不容忽视的矛盾便是：产能过剩的电视节目生产难以吸引庞大的受众群体。不仅仅是电视媒体人，电视机构管理者、电视媒体研究者，甚至是普通受众都在思考：为何国内优秀原创节目匮乏？为何电视台和制作公司精心打造的电视品牌节目在媒体和受众心中无足轻重？为何受众津津乐道于对部分电视节目的吐槽？现象级节目出现的背后有哪些规律可循？为何大手笔投入了电视节目的营销推广却收效甚微？在受众用手脚投票决定的电视节目市场中，

① 本书内容是在对李岭涛主持的国家社科基金重点项目《中国电视节目影响力评价体系研究》（批准号 12AZD011）的研究成果《中国电视节目影响力评价体系研究报告》基础上做了进一步深入研究而形成的。

电视人如何才能满怀希望却不落空？为何在国际电视节目模式交易会上被国外客户追捧的国内节目模式寥寥无几？寻找这些问题的答案也就成了本书选题的动因。

第一节　选题背景

本书的主旨是思考中国电视节目影响力评价体系的构建和实验性评测，力图给电视业界提供有益参考。之所以做该领域的研究，是考虑到目前的电视媒体较过去已经有了诸多明显变化，同时，电视节目评价体系的创新已成为时代的需求。

一、国内电视节目评价体系存在一定的问题

（一）电视节目评价体系偏重外向型评价指标，自主研发的评价体系较少

电视台和制作公司对电视节目日常性的评价较多地依赖第三方收视调查的数据，如中国广视索福瑞媒介研究（CSM）和尼尔森网联。电视节目的收视调查因为抽样样本、抽样范围、抽样技术等的因素影响，数据推及收视人口总体时存在一定误差，甚至出现部分电视节目 0 收视率的情况，不能完全真实反映所有电视节目的收视情况和影响力。即便部分电视台有自己的评价体系，往往内容需参照 CSM 收视指标，并给予较高的权重。

（二）电视节目评价多以播后评价为主，缺少过程性和诊断性的评价

电视节目播前评估比播后评估难度大，但应用价值更高。目前电视节目的评价体系偏重播后评价，更多的是关于“现状是什么”的横断面的评价，

较少谈及“原因是什么”“应该怎样做”的纵深层面的评价。而部分播前评估体系只能做短期的节目预测，比如播前数天的数据收集和统计，这对于节目的投资制作来说是滞后的。

（三）电视节目影响力的有关评价发布周期长，削弱了评价的指导意义

目前国内有一定知名度的电视节目影响力评价多为把网络指标、移动传播指数、收视率等综合而成，其发布以年度、季度和月为单位，或者采用大规模问卷调查方式，或者根据节目在网络和移动端的传播大数据，对数据进行加权后得出一个绝对数值，然后根据数值大小对部分节目进行排行，如100强、50强、10强等，进行年度表彰。这些荣誉对于上榜的少量优秀节目团队来说是一种认可和褒奖，但这种反馈对于节目制作推广的指导来说时效性不足。

（四）电视节目大数据评价存在一定的数据误差

大数据的评价多是针对电视节目在视频网站、微博、微信、手机平台等的数据信息进行测评。有的大数据评价对社交平台的水军或无关数据的剔除不够或不当，则容易在一些个例上出现数据误差。由于数据造假在网络等平台的成本很低，造假能给需求方带来丰厚的商业回报，因此人与机器、数据是不能完全一一对应的。在这样的环境条件下，大数据调查结论失真的情况时有发生，数据的相关性分析有时也不够客观。2018年至2019年，爱奇艺和优酷视频相继关闭前台播放量开放数据，改为热度指数，也从侧面印证了这一问题的存在。

（五）电视节目大数据评价过度关注经济效益

采用大数据进行的电视节目评价需要搭建技术系统，搜集整理数据的难度大，投入大量人力、财力，评价体系的创立者们并不对外公布评价体系一些量化的技术指标，其定期发布的评价数据除了做成排行榜外，主要

目的在于获得电视媒体机构、广告商等的认可，从而顺利用于商业推广，进行电视节目相关机构组织的咨询服务。大数据的采集和分析对技术系统的依赖性较高，根据大数据来做的电视节目分析评价涉及语义分析技术、数据清洗方法，不同的机构或公司有自己的一套保密技术体系，有的还申请了知识产权法保护的专利证书。

二、电视节目属性的变化

（一）电视节目本质属性的时代确认

从本质上来看，“电视节目”是用电子技术及电子设备观看的影像内容。从一般意义上来讲，主要指的是通过传统的有线或无线传输并供受众观看的，由电视台或制作公司制作的节目，然而当前电视节目的内涵与外延都有了进一步深化与扩展。

1. 电视节目本质上是视频

互联网电视和视频网站的崛起，分流了部分传统电视的收视人群，但从总体上来看，受众数量和规模却有了相应的扩充。电视节目本质上是视频，电视台制作、购买、播出的节目与视频网站制作、购买和播出的节目没有实质性的区别。电视台应该是全媒体的，走在前沿的一些一线卫视正在身体力行进行试验改革，通过收回部分热门、有影响力节目的网络首播权，牢牢掌握住稀缺的优质内容资源，提升自家电视台视频播出平台的关注度和流量，与视频网站展开竞争。

2. 电视节目也是信息

电视节目作为信息具有传播内容的优势：节目是视听语言的综合，信息丰富，视频流的方式能调动受众的多种感官；电视节目的类型海量，并在不断地创新衍变中，与现实生活和各行各业有紧密的联系；电视节目信息的传播分享方式具有多样性，如客户端推送、各类网站排行榜、社交平台话题推荐等，有影响力的电视节目的信息会通过各种媒介和各种形式传播给受众。电视节目信息加工的多重性，节目可以以截图、动图、表情包、海报、文字、长视频、短视频、音频等多种形态传输，在新一期节目播出前，网络上已经制造了一个又一个的节目话题，引起了受众的好奇心；在节目播出后相关信息得到了验证和评论，新话题再次通过多种媒介进行传播。网友作为信息的接收者，通过自发的兴趣创作，会进一步将节目的信息转化成各种有趣的组图、对比图、动漫、小说及文学作品、手工创作、音乐、设计等类型的艺术作品，并添加个人的经历、经验与感受，丰富了节目的信息量，不断地扩散到社交平台和其他新媒体。

（二）电视节目的工业产品化和数据化

在引进国外版权节目、学习借鉴海外先进的节目制作技术和理念的过程中，国内电视人逐渐学会按照工业化流程标准，完善品牌节目的制作宝典，宝典中甚至会将灯光、音响、道具等的技术标准一一落实和标注。从这个意义上来讲，根据节目模式制作宝典进行类型化生产不仅使电视节目成为可以复制的工业产品，而且节目的质量评价也有了客观的量化标准。这种精细化的数据分析对电视节目的创新有着增益性的作用，同时，云存储技术和后期制作技术的数字化、人工智能操作，可以为检索节目内容和剪辑提供便利，节目制作效率也得到了大幅提升。

电视节目的工业产品化意味着节目日渐数据化，加上电视节目网络收视的普遍性，视频网站利用自身的技术优势，收集并整理了大量受众点击观看节目的数据、用户流入流出情况以及网络或手机消费情况等。由此对于节目的数据分析可以精确到秒，例如每集节目及片头花絮的播出时长，嘉宾镜头的时间分配，每个情节或故事讲述的时间，背景音乐的时长等。同样，对于镜头的数量、机位构图布置都要进行精准设计和规划。视频网站的先进技术使电视节目收看功能更为丰富和优化，比如倍速观看、弹幕吐槽功能已经成为视频网站的标配，受众快进、回看等收视情况在后台被记录，结合 AI 技术，可以形成数据曲线和分析报告。由此可见，诸多视频网站和手机通信公司的研究成果已经开始显现，这些网站、公司积极与电视台合作，实现节目收看数据资源的共享。

（三）电视节目的时间和空间属性都得到了延展

电视节目的黄金档在过去一般被认定为晚间七八点钟。电视台要为一档电视节目编排适宜的时间并非易事，必须对前后节目的受众特点、忠实受众的收视习惯、不同时段受众流入流出数据走向、竞争对手同时段节目的编排、广告商的需求、国家新闻出版广电总局相关政策规定等进行综合考虑。过去，在保障广告时长的前提下，尽可能编排多档节目和播出更多电视剧剧集，是电视节目编排的重任。但一档有影响力的电视节目即使在非黄金档也能给电视频道带来较高的收视率，给广告客户带来较好的收益回报。电视机回看、点播技术的成熟和推广应用，也给了非黄金时段电视节目更多被关注到的机会。优秀的电视节目有更多的重播机会，抑或制作精华版再次播出，可大大提高广告商的曝光率，也为受众提供了高质量的套餐服务。例如由湖南卫视播出的《向往的生活》是与浙江合心文化传媒有限公司联合出品的，节目凭惬意、和谐、田园、诗意的慢生活场景迎来了收视热潮。芒果会员尊享的《向往的生活 2》独享版在芒果 TV 节目准时上线，并有各种预告片、花絮片段，增加了不少“探秘”蘑菇屋中不为人知的日常趣事。另外，有影响力的电视节目在视频网站会获得更好的宣传、推广位置，受众可以根据自己的喜好进行收看，这便避免了与工作、生活作息时间的冲突，从而摆脱了时间的束缚，获得了舒适的观赏体验。再者，电视节目克服了空间的限制：一方面，随着家庭经济条件的不断改善，客厅不再是收看节目的唯一场所，每位成员可分别用电视机、手持电视机、移动设备、iPad 等，在家庭的各个空间自由观看节目；另一方面，人们也可以通过移动终端在出行途中、休息时、等待时，随时随地地选择自己喜爱的节目。由此可以预计未来会有更多个性化的电视节目收视订制和服务项目以满足用户的新需求。

（四）电视节目的短视频化

由于收视习惯的变化，受众“收看电视节目（一般是长视频）时，收视率调查显示出受众一次收视的时长容忍度一般不长于15分钟；而收看网络视频时，受众的容忍度降低，一般单次收视时长不大于5分钟”[①]。节目剪辑后的短视频更便于通过网络和手机收看，这些节目视频有选秀节目歌手演唱的歌曲剪辑、喜剧节目的小品或情景剧等的片段、慢综艺节目中有趣的互动、益智游戏节目的答题闯关环节、新闻节目的资讯、生活服务类节目的知识与技巧……这些短视频在网络上不仅有较高的转发率，不少还成为热门话题的触发点。比如，现在已经有越来越多的各种类型的电视节目入驻抖音App，其中央视（“中央电视台”的简称，下同）新闻、北京卫视《生命缘》、浙江卫视《奔跑吧》等节目尽管形态各异，但都已经在开始积极尝试和探索自身节目的短视频和微视频形式，这无疑体现出移动互联网时代电视机构紧跟年轻受众趣味偏好，不断进行自身调整的姿态。

三、电视节目所处的全媒体生态环境的变化

三网融合和媒体融合带来的变化之一是原本被视为传统媒体的电视媒体正在全力转型为全媒体，电视节目的策划、生产、制作、播出、产业开发等单向度的生产模式已经改变，成为环节打通、相关促动的生态产业链。

（一）电视节目全媒体制作

在媒介融合背景下，各种节目资讯、受众反馈意见、社会舆论通过便捷的传播渠道被节目制作人员获取，因此在制作环节，越来越多的电视节目边播边制，参考网友和受众的建议来调整节目的进程或剪辑效果。同时全媒体制作也使节目内容资源得到全方位的开发，比如AR、VR、全息投影、游戏开发、互动App、新闻稿件、数字出版等新生事物不断出现。可以说，今天电视节目制作的核心竞争力的两翼，一是创意，二是技术。在这方面

① 郑维东：《电视的微时代》，《广告大观（综合版）》2013年第6期。

中央电视台进行了积极的探索，在各种大型活动特别是晚会节目中就大量采用了以虚拟植入为主体的 AR 技术，比如歌舞表演节目《春节联欢晚会》《五四晚会》，互动场景节目《3·15 晚会》，专题事件节目《豪门盛宴》，奥运会转播，室外景观节目《“心连心”慰问演出》，等等。在这些节目中，增强现实 AR 概念不仅能够增加电视叙事的形象性、逼真性、场景性和互动性，同时还能在艺术效果上和功能结构上满足多种节目形态的多维表现需求，在最大程度上弥补画面中实景内容的不充分、不饱满和不完美，在真正意义上展现虚实交融的立体互动效果。

（二）台网联动促进电视节目播出终端的融合

由视频网站主导节目制作并在电视平台进行播出成为台网合作的重要方式。2014 年就有业内人士指出，“台网联动的合作深度正从节目的联合推广，逐渐向策划、营销、招商等环节迈进。”[①] 从 2018 年开始，这种趋势正呈现出新的特征，以网剧上星为标志的“拯救电视行动”开始为各大电视台所采用，一些二三线卫视依靠自身多年来积累的影响力为网剧引流，从而也为自身生存创造了条件。当然，在可以预见的一段时间之内，新兴的互联网视频平台和传统的电视播出平台依然是各种电视节目最主要的播出平台。从某种意义上说，从台网联动到台网融合，是新旧媒体从“相加”走向“相融”的重要一步，在“你中有我，我中有你”的互动中，电视节目的播出终端在客观上实现了扩容、提质和增量。

（三）社交媒体为电视节目聚合话题与人气

当前，微博、微信和抖音等社交媒体正在不断拉近媒体与用户的距离，通过转发评论等的便捷方式，各种声音在巨大的社交关系网中瞬间传达。社交媒体对电视收视有很大的影响。一方面，其话题榜、综艺排行榜等都引导网友关注节目信息，进而收看相关节目；另一方面，通过社交媒体可

① 周利彩：《网台联动仍在继续——视频网站搞自制根本停不下来》，2014 年 7 月 16 日，http：//www.sootoo.com/content/503318.shtml。

以方便快捷、有效地收集网友的建议，倾听网友的需求，及时调整和提供更为适合的电视节目。2014 年前后，微博电视开始为合作的电视同行提供以下服务："专属电视节目的网台合作深入互动机制全程策划、精准化的微博运营支持与指导建议、定制化的传播策略，覆盖展示性资源与实时互动引导性资源；产品有微博电视指数、疯狂综艺季权威榜单、热门话题（电视节目、电视剧、美剧榜单）微直播、微访谈产品"①。进入 2019 年，抖音正式进军社交领域，先后推出独立视频社交产品"多闪"和生活记录视频功能"随拍"，与央视《春节联欢晚会》深度合作，用户可以"短视频记录春节期间的小确幸、大美好，让浓浓的春节氛围和团聚幸福在交流互动间彼此传递"，从而将"为用户创作一种简单轻松记录生活以及跟好友分享互动的方式"②植入电视的基因中。

（四）电视传媒影响力经济中的马太效应

"影响力经济，就是受众注意到了媒介发布的信息，特别是广告信息，而且还实实在在受到了影响，不管是有意还是无意，自愿还是被动，并且付诸了消费。"③马太效应意味着强者越强，弱者越弱。有影响力的节目获得更多的推广渠道和媒体平台资源，曝光率更高，受到的受众和网友的关注度越高，舆论效应越明显，吸引更多广告商跟进，技术资金投入增加，制作团队实力增强，盈利能力提升，这是强者越强的良性循环；而那些影响力弱的节目，则陷入弱者越弱的负向循环。再者，一档成功的电视节目还可以带来品牌衍生效应，制作团队的品牌可以给新节目的制作带来更高

① 参见百度百科"微博电视"词条，http://baike.baidu.com/link?url=zqy3ozIdfo0QboJwNUEQwdgc1TJsrLSRgKI41qeLaD97ArTb2AnnVz4tPdMbJNXPs7_q69GvFTmw_6YciWiX-_。

② 《抖音成春晚独家社交媒体传播平台，短视频和电视怎么玩？》，国际在线，2019 年 1 月 21 日，http://city.cri.cn/20190121/72eeee37-9db5-d68a-932d-4567c77b78e8.html。

③ 曹鹏：《影响力经济与媒体赢利模式》，《新闻与写作》2001 年第 12 期。

的可信度和关注度。视频网站花巨资购买的节目，多是一线卫视的品牌节目。比如湖南卫视的《声临其境》《歌手》，浙江卫视的《我就是演员》《中国好声音》，等等。这些节目之所以被视频网站作为购买节目单上的重点项目，愿意高价购买，其中的经济因素考量就在于其可以为视频网站带来可观的商业利益，同时这些节目品牌本身的强话题性和巨大的影响力，使得视频网站有信心能够获得丰厚的回报。

（五）电视播出技术创新带来的机遇

5G 通信技术的实验性突破和市场的快速推进，给电视节目的制作与播出带来了创新的诸多可能。2018 年 12 月 28 日，中央广播电视总台与国内三大通信公司及华为公司签署合作协议，“合作建设我国第一个基于 5G 技术的国家级新媒体平台。通过联合建设‘5G 媒体应用实验室’积极开展 5G 环境下的视频应用和产品创新。全力推动 5G 核心技术在央视 4K 超高清节目传输中的技术测试和应用验证，研究制定基于 5G 技术进行 4K 超高清视频直播信号与文件传输、接收、制作技术规范等 5G 新媒体行业标准，引领 5G 新媒体技术应用。”[①]2019 年的央视《春节联欢晚会》已经实验性地应用了“高速率、低时延、大容量”的 4K 超高清直播技术，受众只要有更佳的播放终端，便能享受到画质超清晰、色域更广、动态范围更宽、环绕立体声的节目。在 5G 时代，电视的播出技术进步会给电视媒体更多创新的想象空间，去实现自身在媒介融合时代的新发展。

四、电视节目的影响力营销分化为多级阵营

从台网联动的规模、合作的广度和深度来看，只有具有影响力的节目才能在视频网站获得版权交易收入，而更多的节目只是免费播映，在广告市场表现平平，甚至有的节目还处于无人问津的状态。从电视节目影响力

① 《首个国家级 5G 新媒体平台开建》，央视新闻百家号，2018 年 12 月 28 日。

营销的表现来看：

一级阵营位于金字塔的塔尖。湖南广电自制节目资源丰富，忠实受众质量高；央视有大量自制的新闻、体育、综艺、纪录片、财经、国际时事等节目，同时，芒果TV、CNTV拥有互联网电视牌照，在与视频网站的竞争、合作关系中，有竞价的底气和主动权，甚至可以在不利条件时选择放弃合作协议。在台网联动的关系中，一级阵营的电视台并不是完全放弃了和其他视频网站等的合作关系，而是与经济和技术实力最强、推广运营能力最优的网站进行合作。

二级阵营的电视台多为一线和二线的省级卫视，拥有自己的多个品牌节目，但自身的官方网站建设不够完善，App的用户数量不足，节目的网络传播需要与爱奇艺、腾讯、优酷和搜狐等具有流畅、高清的技术标准的视频网站合作。因此，这些卫视便通过出让高品质电视节目的网站播映权，来换取相应的经济收益。

三级阵营的电视台包括二线省级卫视和副省级频道及少数地市级电视台。该类电视台的节目品质尚未达到为视频网站带来大流量的程度，因此，它们多与视频网站、移动客户端进行合作与联合营销。在节目中，通过主持人口播、滚动字幕、动画、角标等来播出广告。为使节目在网络播出中获得较好的推广位置，视频网站采用首页推荐、专题、多类型的视频链接（正片、节目片段、节目花絮，未曝光的节目内容）等诸多推广形式。

四级阵营的电视台包括三线省级卫视和副省级电视台及大量地市级电视台。电视台的节目仅在自己的网站进行播放，在其他网站是几乎见不到的。节目影响力是通过口碑营销，其交易也仅是台与台间的少量的节目交换，或者出售节目的播映权。

第二节　研究范围和研究意义

一、研究范围

（一）电视节目界定

根据第一节所述，电视节目的内涵与属性有了更广泛的时代特征。以往电视研究的著作所谈到的电视节目多是指电视台或电视制作公司制作，并经由电视机播出的节目，包括电视栏目、电视晚会、电视剧、电视动画片、广告片等。由于研究条件所限，本书的研究内容主要指的是规律性播出的常态节目，即有固定的播出时间和频道的电视节目或栏目，不包含动画片、广告片、电视剧。但这并不意味着该电视节目评价体系不适合以上节目类型，通过验证，部分指标项目和评价结果同样具有合理性和客观性。由于电视节目内涵与外延的不断扩展，一些在网络上传播的电视节目、按照电视节目标准制作的网络节目（其中有的可以输出到电视台，有的则仅仅用网络播出）也可以纳入本评价体系测评对象中。

（二）影响力界定

对影响力的研究来自人际关系理论。所谓影响力，是行为主体对客体的心理或行为的作用。影响力可以是对个体的影响，也可以是对群体的影响。对影响力研究较早见于美国心理学家罗伯特·B. 西奥迪尼 1986 年所著的畅销书《影响力》，书中阐述了六大原理：互惠、承诺和一致、社会认同、喜好、权威、短缺。2003 年喻国明在《关于传媒影响力的诠释——对传媒产业本质的一种探讨》一文中说："'影响力'（influence）是指文化活动者以一种所喜爱的方式左右他人行为的能力。其实，从更本质上来看，影响力是一种控制能力，这种控制能力表现为影响力的发出者对于影响力的收受者在其认知、倾向、意见、态度和信仰以及外表行为等方面合目的性的控制作用。传媒影响力是通过信息传播过程实现的。”①

（三）电视节目的影响力界定

电视节目的影响力是电视节目的有关信息使社会成员的心理和行为发生变化的作用力。有影响力的电视节目不仅会吸引受众主动观看，还会引发相关话题的讨论，由此节目信息在更广泛的范围内获得传播，更多的人也会加入进来，最终为节目带来更好的经济效益和社会效益。电视节目的影响力既然是一种作用力，就应该可以定量测量。对电视节目影响力大小的测评是节目的播后测评。影响力的产生是在一系列因素的作用下形成的，在这些因素中，有主要的作用力或主导因素，也有次要的偶然的作用力或因素，而电视节目影响力评价体系研究就是要探寻那些有规律的起到主要作用的因素。通过分析找到节目成功的要素，并进行诊断性的评价，甚至实现对新节目模式影响力的预测性判断。

（四）电视节目影响力的评价体系

本书着眼于构建客观、系统的电视节目影响力的评价体系。这一评价体系的目标是建立在对电视节目策划、制作、营销、运营等翔实知悉的前提下，基于大数据分析寻找相关因素，对电视节目影响力的相关因素进行诊断性评价，其目标是实现自我诊断和自我完善。通过诊断性评价，电视台或制作机构、推广部门可以通过主观努力发现问题，并调整战略，这种改变就意味着电视节目创新、制作、营销推广等能力的全方位提高。同样，电视节目的受众等个体也可以通过电视节目影响力评价了解电视节目的表现得失，形成客观理性的分析判断。

① 喻国明：《关于传媒影响力的诠释——对传媒产业本质的一种探讨》，《新闻战线》2003年第6期。

二、研究意义

（一）批驳“唱衰电视”的有力工具

电视节目影响力评价是综合定性研究和定量研究，用科学的态度全面衡量电视节目的社会影响。针对目前舆论中各种“唱衰电视”的言论观点，电视节目影响力评价可以通过提供各种事实数据，对其进行强有力的反击，从而证实电视节目并不是强弩末矢，它依然具有活力，通过不断改革和创新依然深刻影响着大众的工作、学习、生活和思想。根据电视节目影响力评价体系也可以评选出极具影响力的若干电视节目，可以给予电视媒体人自信与激励，并以之为工作努力方向和奋斗目标，制作更多为受众喜好的优秀电视节目。通过电视台或视频网站对自制节目或播出节目的影响力动力系统的分析、评价和对比，可以发现问题，并加以改进。

（二）促进电视台创新奖励机制的变化

电视节目影响力评价体系的推广和应用可以推进电视台奖惩机制改革。国家新闻出版广电总局多次通知要求电视台实施节目综合评价体系，不能唯收视率评价，需要加大有关节目品质评价的指标比重等。但在电视台实际节目管理过程中，往往各有各的一套标准，有的评价项目因为难以获得第三方可靠的量化评价指标，还要依赖专家和领导打分的主观评价模式，难免出现打人情分等不公现象。电视节目的影响力评价体系提供了多样化的评价指标，可以综合评估，也可以分项评比，在精品节目、创新创优节目、品牌节目等的评选中有更为客观的第三方参照，从而促进电视台和制作公司等的奖惩机制的改进和创新。

（三）有助于电视传媒产业的决策与管理

电视节目影响力评价将定性评价与定量评价相结合，由此提供更为客观理性的决策参考，并减少非理性决策带来的风险。电视传媒产业中对电视节目的投资决策要参考相应的投资分析报告，但不少报告是依据电视台上一季同名节目或上一年度电视频道相关节目的收视数据。然而电视节目的制作具有周期性，对竞争对手的预判不足很可能导致投资商和广告冠名商的投入打水漂。一旦投资成功，往往是归功于领导人或相关项目负责人的英明决策；一旦投资失败，常常集体失声。电视传媒产业是内容产业，相关领导层需要从内容的策划、生产、传播等各个环节对相关机构、部门和人员进行管理和协调，要做到公正公平，可以参考电视节目影响力评价的相关项目，进行工作任务的分解和指标的量化，从而高效实现管理目标。

（四）具有推广示范的价值

该电视节目影响力评价体系是基于大数据的时代背景提出的。它可以助力电视节目的策划、营销、推广等多个环节。“大数据为内容制作打开了一个全新的局面，企业从网络上收集用户、内容、渠道和制作者之间的深度关联数据，发现人类在内容偏好上所隐藏的模式和法则，以此为基础制作创新性的视频内容。”① 大数据给电视节目评估带来的显著改变是数据来源多样化、多层次性，并可以综合审视、预测评估不同类型的受众特征，从而了解其需求和兴趣。大数据是为行业服务的，因此从中找出电视节目影响力的关键影响因素，分析各因素之间的相关特征，可以发现问题所在，从而改进节目的制作、播出、推广、运营。

第三节 研究综述

中国电视节目影响力评价体系的研究是电视节目评价体系研究的重要分支，因此，只有系统梳理我国电视节目评价体系和评估体系已有的代表

① 杨扬，张学骞：《大数据驱动下美国网络视频产业的智能化转向——以 Tubular Labs 的运作实践为例》，《中国电视》2019 年第 1 期。

性研究成果，才有可能实现融合基础上的创新。因此，本书的研究综述扩大研究领域，从电视节目评价体系的研究整体来探讨电视节目影响力评价体系的价值和意义，然后再集中分析期间电视节目影响力研究的脉络。

本书的研究分为三个阶段。

第一，2007—2012 年的中国电视网络影响力课题研究阶段。在这个阶段，李岭涛承担了中国广播电视协会、中国传媒大学、中央民族大学和南开大学的联合课题《中国电视网络影响力研究》，组建了由学界和业界数十名专家组成的研究团队，在国内率先提出电视节目的网络影响力指标，在国内乃至世界首次从网络角度对电视节目进行系统研究，完成了中国电视网络影响力评价的基础性体系架构和业界数据调研，建立了基于网络影响力的电视节目评价体系，向社会发布了《中国电视网络影响力报告》等一系列研究成果。

第二，2012—2015 年《中国电视节目影响力评价体系研究》课题的研究阶段。在这一阶段，李岭涛带领团队承担了国家社科基金重点项目《中国电视节目影响力评价体系研究》，形成了较为系统的适合中国国情的电视节目影响力评价体系，构建了诊断式的多维评价体系。

第三，2015—2019 年为中国电视节目影响力评价体系的实践和修订完善阶段。对评价体系进行了更加深入的研究。

根据本研究的时间脉络，将分阶段阐述相关的研究文献特点。

一、电视节目评价体系研究综述

（一）2015 年前的电视节目评价体系研究综述

总的来看，2015 年前我国电视节目评价体系的研究成果呈现以下特点：一是学术专著成果不断丰富、研究视角各有不同；二是学术论文视野开阔、多维度研究正在展开。但问题也比较明显，即兼容素质不高、核心价值理念尚未确立等。

1. 专著类成果不断丰富、研究视角各有不同

这个阶段有关电视节目评价体系的代表性专著成果主要有五部，它们的研究各有侧重，有的侧重“产业”，有的侧重“节目”，在对电视节目的评价和评估中，有的强调“理论与实践”的结合，有的强调各种方法视域的“整合”。虽然从数量上来看，相关研究还不成规模，但其中已经不乏富有启发性的研究成果，以下将分别阐述这五部著作的特点：

李岚的《中国电视产业评估体系与方法》（2004 年）一书探讨了电视媒介影响力的理论框架和电视产业评价的影响因素，认为电视综合评估的目标是效果、效益和效率，将电视综合评估系统分为客观指标群和主观指标群，并给予一定的权重，从微观、中观层面到电视产业集团系统层面构建了涵盖电视栏目、电视频道及电视台和电视产业集团的综合评估体系模型。该书还提出了节目（栏目）评估指标体系的四个方面指标：收视率、满意度、节目风格评议和节目经营[①]。但由于该书系 2004 年出版，所引述的电视台节目评估体系和调查案例较早，已经与目前电视台全媒体产业运营的模式有所不同，因此，需要增加新的指标，完善电视节目的评估新体系。

王兰柱等在《中国电视节目评估：理论与实践》（2007 年）一书中介绍了 CSM 媒介研究在综合性电视节目评估体系研究方面的理论和实践成果，分别从概念、指标、体系、经验和讨论等五个方面详细介绍了节目评估中所涉及的受众、节目、节目价值和传播效果以及节目评估等概念。并从“基于受众收视行为”、“基于受众态度和社会影响”以及“基于广告投放”三个角度出发进行节目评估，明确了综合性节目评估中所需的各类指标[②]。可以说，该书是中国广视索福瑞（CSM）实践成果的理论化，其中基于受众收视行为的节目评估相关指标有着深远的影响，成为很多国内电视台节目评价体系中的重要借鉴和参考。

① 李岚：《中国电视产业评估体系与方法》，华夏出版社，2004 年版。

② 王兰柱，等：《中国电视节目评估：理论与实践》，中国传媒大学出版社，2007 年版。

张海潮在《电视节目整合评估体系》（2009 年）针对当前电视节目评估方法的主要问题，如重结果轻原因，重静态轻动态，重现在轻未来，只关心市场效果，忽视对造成该效果的节目生产质量、节目生命周期、节目播出环境等原因的分析与说明，提出了评估不能仅仅重视最终的数量化结果，还应该探究其原因，并预测动态的发展①。

罗琴、虢亚冰等著的《电视节目评价体系研究》（2010 年）一书主要是由中央电视台总编室工作人员组成的电视节目评价课题组完成的，其研究对象是中央电视台各频道的节目，研究目标是实施节目评价暨栏目警示淘汰制度。该成果的特点是对电视节目评价体系的基础、建构、模式、操作方法、实证分析等进行了比较系统的介绍②。

而张君昌、王志云的《广播电视节目评估概论》（2006 年）则带有比较明显的规范价值，该书分析了当前节目评估建设存在的问题，强调以受众为中心的节目评估，将节目评估指标划分为三部分：节目质量、社会效益、经济效益，探讨了节目评估机制的建设和运作程序，并以中央电视台、中央人民广播电台、北京人民广播电台、山西人民广播电台等个案作为研究对象③。从整本书来看，对广播电台的研究占较大比重，概括性的评价指标也较多。

2. 论文类成果视野开阔、多维度研究已展开

（1）比较视野下的研究

在对文献进行深入分析的过程中可以发现，当前该研究领域论文的一大优点是具有比较优势，很多研究者比较熟悉国外的情况，比如文卫华在《电视节目评价体系：英美模式和中国实践》（2011 年）一文中指出，“作为商业电视，美国的播后评价重视节目的经济效益，以收视率为核心价值取向；作为公共电视，BBC 则综合考量多个指标兼顾经济效益与社会效益

---

① 张海潮：《电视节目整合评估体系》，中国传媒大学出版社，2009 年版。

② 罗琴，虢亚冰，等：《电视节目评价体系研究》，中国广播电视出版社，2010 年版。

③ 张君昌，王志云：《广播电视节目评估概论》，中国广播电视出版社，2006 年版。

并重。”[①] 该研究的启示是：欧美国家电视台较早开始进行电视节目播前评价，组织调控市场，规避风险，积极将新媒体量化指标融入节目综合评价体系。

（2）媒体融合视野下的研究

王晴川在《架构电视节目网络传播评价体系——对于电视节目网络评价体系的技术和功能的分析》（2012 年）一文中“将电视节目网络评价系统分为网络传播收视率分析系统、网民满意度分析系统、专家归因和对策研究系统三部分”，分析了该评价体系的三大功能[②]。张萌在《新媒体环境下的电视节目评估体系建构》（2014 年）中提出了电视节目评估体系改进的初步构想模型，重点考察了传播力、影响力、专业品质、成本效益等指标。作为学理性质的探讨文章，其并未进一步细分下一级指标和设定权重[③]。

（3）基于创新追求的研究

陆地在《电视节目评估体系的创建与创新》（2013 年）中提出了电视节目评估体系的研发、制作、购销、传播效果和品牌共五个评估系统，并对应了价值链的五个环节[④]。作为国内知名的广播电视、影视传播和媒介经营管理研究的学者，陆地对电视节目评估体系做出了全面细致的衡量，对电视行业经营管理有指导意义，但该评估体系对评估使用者的媒体行业经验阅历和技术要求较高。

（4）基于价值诉求的研究

尹鸿在《重建中国电视节目价值评估体系——评〈中国电视艺术发展报告首卷（2010）〉栏目欣赏指数调研报告》（2011 年）中提到欣赏指数是由“愉悦程度”“健康程度”“品位程度”“启迪程度”主观定性评价

① 文卫华：《电视节目评价体系：英美模式和中国实践》，《中国电视》2011 年第 11 期。

② 王晴川：《架构电视节目网络传播评价体系——对于电视节目网络评价体系的技术和功能的分析》，《新闻传播》2012 年第 1 期。

③ 张萌：《新媒体环境下的电视节目评估体系建构》，《声屏世界》2014 年第 5 期。

④ 陆地：《电视节目评估体系的创建与创新》，《南方电视学刊》2013 年第 1 期。

的四个维度组成[①]。该研究反映了政府的要求和对行业引导，以及媒体专业人士的现实需要，对目前电视行业过度偏重收视率调查的评价现状有一定的纠偏作用，与本书研究中的部分指标有契合之处。漆亚林在《电视节目评价体系重构的当代价值及其三个维度》（2014年）中提出“理性重构电视评价体系是沿着电视文本的专业价值、传播效果的社会价值、竞争力的发展价值三个基本维度展开的创新活动”[②]。该文提到的电视社会价值指标中的三个二级指标与本书的核心指标有不谋而合之处，其中的一些论述稍显笼统，指标还需要细化完善以提高现实操作性。

（5）着眼于体系建构的综合研究

刘燕南在《电视节目评估体系解析——模式、动向与思考》（2011年）通过对各电视台节目评估体系的分析比较，指出了我国电视节目评估中一个带全局性的问题，“即缺少一个统一的评估标准和评估平台，也缺少第三方评估机制。”[③]该文对电视台节目评估体系的横向分析准确、客观、翔实，针对目前评估体系普遍存在的问题提出了真知灼见，切中要害，而这些正是我国电视节目评估体系建设努力的方向。

李金锋在《谈电视节目综合评价体系的科学建构》（2012年）中谈到电视节目评价需要倾听多方面的声音，包括受众、客户、专业人员、管理者、自己人、网络。评价的原则包括：综合评价的多元原则、指标评价的量化原则、主体评价的公正原则、评价过程的全面原则、评价结果的功能原则、评价体系的实用原则[④]。该文提到的“预评估、过程评价、结果评价相结合的全过程节目综合评价体系”契合了本书重视诊断性评价的理念。赵德全在《关于构建广播电视节目综合评估体系的思考》（2013年）中提到“广

① 尹鸿：《重建中国电视节目价值评估体系——评〈中国电视艺术发展报告首卷（2010）〉栏目欣赏指数调研报告》，《中国电视》2011年第5期。

② 漆亚林：《电视节目评价体系重构的当代价值及其三个维度》，《当代电视》2014年第5期。

③ 刘燕南：《电视节目评估体系解析——模式、动向与思考》，《现代传播》2011年第1期。

④ 李金锋：《谈电视节目综合评价体系的科学建构》，《当代电视》2012年第8期。

播电视节目综合评估体系主要包括八个部分的评估：导向性、思想性、创新性、专业性、满意度、竞争力、收听收视率和媒体融合度的评估”[①]。该文提到的综合评估体系既有传统的技术性指标，又有业界正在推广尝试的融合度指标，部分参照了国家新闻出版广电总局倡导的电视节目综合评价体系的指标建议，还尝试加入体现节目价值的导向、思想、满意度评价，还纳入了关注节目发展的专业、创新、竞争力评估，将定性和定量评估结合，但文章提出的初步设想的框架还需要指标的细化和可操作性评估。

3. 研究评价

总体而言，2015 年之前关于电视节目评价体系的研究大体包括了定性研究、假设性的体系构思研究和理性的节目评价体系的量化研究三大类，其中前两类占绝对比例。相关研究多是梳理电视节目评价体系的发展历程、提供国内电视台近些年的电视节目评价的方法和关键指标，简要介绍欧美国家的电视节目评价体系，将多个维度的评价类型放在一起，更多地借用已有电视节目评价指标，比如收视率、市场份额等，对满意度评价、欣赏指数、专家评价等主观性评价提出了批评性的建议和设想，现有研究均偏重以电视台为主体的节目评价体系研究，而仅有少量的论文基于新媒体发展和媒介融合的背景提出一些设想，比如增加媒体关注度、倡导网络影响力分析等。且评价体系设想性、框架性的研究较多，实证性、验证性的研究较少。

在电视节目评估系统的论述中，部分研究者用比较谨慎的研究态度，用提出的电视节目评估体系对国内已有的节目做具体分析或设计各类排行榜，由此获得了一定的反响。比如丁俊杰、张树庭、李未柠的《视网融合背景下的电视节目影响力评估体系创新初探》（2010 年）[②] 一文所做的“中国电视节目网络人气指数体系”研究，陆地的《构建科学的电视节目评估

① 赵德全：《关于构建广播电视节目综合评估体系的思考》，《中国广播电视学刊》2013 年第 5 期。

② 丁俊杰，张树庭，李未柠：《视网融合背景下的电视节目影响力评估体系创新初探》，《现代传播》2010 年第 11 期。

体系与博雅榜的价值》（2012 年）[①]、陆地和陈思的《新媒体时代电视节目评估体系的构建和应用》（2013 年）[②] 阐述了由北京大学视听传播研究中心主持的 2011 年中国电视满意度调查评估及最后形成的博雅榜。

然而 2015 年前的研究仍存在诸多问题。一方面，体系与体系之间的兼容性、指标与指标之间的兼容性都有待加强，换句话说，在缺乏统一标准的情况下，电视节目评价体系的多元思路应当避免走入“各自为政”的误区，应努力提升该领域评价工作的科学性和适用性；另一方面，很多电视评价体系都缺乏核心价值理念，即推出一套评价的基本立足点和价值导向究竟为何？缺乏核心价值理念的评价体系只能为电视节目评价提供“标准”而非“内驱力”。为此，本书提出的电视节目影响力的评价体系力图实现评价体系在宏观的指导性和微观可操作性上的统一、在电视传播规律确立层面与社会主义核心价值理念确立层面的统一。

（二）2015—2019 年电视节目评价体系研究综述

1. 专著量少质优，围绕关键问题和行业需求展开研究

通过文献查找，程静薇的《我国电视节目的类型规制及其效果评估》（2018 年）[③] 一书针对电视节目同质化现象或曰竞争性复制问题，用实证研究分析国家层面规制政策的效果。中国广播电影电视社会组织联合会的课题研究成果之《中国广播电视节目评估体系研究》（2018 年）[④] 对中国广播电视节目评估体系的历史、意义、机制、管理控制等方面做了详细阐述，附有 12 家从央视、省级卫视到地市电视台的节目或频道的评价体系，从分

① 陆地：《构建科学的电视节目评估体系与博雅榜的价值》，《南方电视学刊》2012 年第 1 期。

② 陆地，陈思：《新媒体时代电视节目评估体系的构建和应用》，《新闻爱好者》2013 年第 11 期。

③ 程静薇：《我国电视节目的类型规制及其效果评估》，中国广播电视出版社，2018 年版。

④ 中国广播电影电视社会组织联合会：《中国广播电视节目评估体系研究》，中国国际广播出版社，2018 年版。

类指标和实际操作等方面对综合性的广播电视节目评估体系进行分析。

2. 国内学术性文章不断增加，研究领域不断拓展

本书在中国知网对限定起始时间段为2015—2019年的文献进行检索（含期刊、报纸、硕博士论文、会议、年鉴、统计数据等），检索了“节目”并含“评价体系”、“节目”并含“评估体系”、“栏目”并含“评价体系”、“栏目”并含“评估体系”的文献（自然包含了电视节目、电视栏目的相关文献），合并后进行人工复核与筛选，剔除与本书研究无关的广播节目、期刊栏目评价等的文献，共获得17篇，其中期刊论文13篇，报纸文章1篇，硕士论文3篇。为防止文献的缺失，用篇名关键词“电视”+“评价体系”、“电视”+“评估体系”进行扩展检索，剔除以上已经检索到的文献后，另获得相关文献11篇。

对近几年有关电视节目评价体系的研究进行文献梳理，可以归纳为四个特点：一是电视节目综合性评价体系继续理论探讨和深化研究；二是针对分项指标领域展开细化研究，比如关于融合力、引导力等的评价体系；三是结合不同类型的电视节目，进行垂直领域的电视节目评价体系实践和思考；四是对评价体系的认识视角有所创新。

（1）对电视媒体行业的调研成果

刘燕南、张渤、刘双的论文《电视评估体系的顶层设计与基层实践——来自电视台一线的报告及思考》（2015年）[①]总结了中国传媒大学受众研究中心对8家以上省级电视台的调查成果，发现问题分析原因，并探讨未来走向。陈忆多的《节目综合评价体系的构建与探索——以海南广播电视总台为例》（2017年）[②]一文总结了电视台的一线工作经验与成果，形成了对电视节目评估体系的系统认识。

① 刘燕南，张渤，刘双：《电视评估体系的顶层设计与基层实践——来自电视台一线的报告及思考》，《现代传播》2015年第8期。

② 陈忆多：《节目综合评价体系的构建与探索——以海南广播电视总台为例》，《当代电视》2017年第10期。

（2）针对分项指标领域展开细化研究

这里的分项指标指的是电视节目综合评价体系中的指标，比如引导力、融合力、传播力等。漆亚林的《主流价值导向的电视节目评价体系构建》（2015 年）[①] 是中国青年政治学院课题“社会责任理论视阈下电视综合评价体系”的部分成果。此外，柯丰云（2016 年）[②] 及戴松、苏进跃（2016 年）[③] 有关节目融合力评价体系或评估体系的论文 2 篇，分析了融合力评估体系的意义、构成和对电视媒体的作用，可以视为契合 2014 年 8 月 18 日《关于推动传统媒体和新兴媒体融合发展的指导意见》政策精神的学术研究成果。另外还有针对网络传播力研究的 3 篇文献，1 篇关于电视艺术质量评估体系的研究 [④]。

（3）对评价体系的认识视角有所创新

从研究对象来看，对垂直领域的电视节目评价体系研究有了拓展。刘晓蕊的《我国电视体育新闻评价体系构建探究》（2015 年）[⑤]，石丹的《电视综艺晚会民族性评价体系的建构》（2015 年）[⑥] 分别对不同类型的节目的评价体系做了差异化探讨。

部分评价体系涉及了评价指标的动态变化，有的引入了新的评价指数。杨状振、翟晓菲的《收视率和电视节目新评价体系的变化》（2017 年）[⑦] 介绍了“微博电视指数”评价体系和美兰德电视节目网络传播影响力评价体系。

---

① 漆亚林：《主流价值导向的电视节目评价体系构建》，《电视研究》2015 年第 5 期。

② 柯丰云：《电视节目中媒体融合力的评价体系构建分析》，《新媒体研究》2016 年第 12 期。

③ 戴松，苏进跃：《媒体融合背景下电视节目融合力评估体系构建》，《传媒》2016 年第 23 期，《电视研究》2017 年第 2 期。

④ 师景，何振虎，王锋：《大数据背景下的电视艺术质量评估体系》，《中国电视》2017 年第 5 期。

⑤ 刘晓蕊：《我国电视体育新闻评价体系构建探究》，《新闻战线》2015 年第 7 期。

⑥ 石丹：《电视综艺晚会民族性评价体系的建构》，《中国广播电视学刊》2015 年第 10 期。

⑦ 杨状振，翟晓菲：《收视率和电视节目新评价体系的变化》，《视听界》2017 年第 6 期。

3. 研究评价

对 2015 年以来电视节目评价体系的研究进行因果分析和特点总结，可以发现以下规律：

（1）回应电视媒体需求，研究不断深化

对电视节目综合评价体系的理论研究不断深化和系统总结也是对现实中的电视台综合评价体系不断探索与进步的反映，不少研究通过调研对业界实际运行的电视节目评价体系进行介绍和评论，扩大了影响面。而这种研究和呼吁也在行业监管部门有所反映，比如自 2012 年以来，国家新闻出版广电总局倡导和推行有关广播电视综合评价体系改革和试点工作并召开行业座谈会。2018 年 12 月 26 日国家新闻出版广电总局广播电视节目收视综合评价大数据系统基本建成并开通试运行。

（2）拓展了垂直和细化的电视节目评价体系研究

通过课题文献整理和归纳分项，契合电视行业垂直类节目不断增多的现实，这个阶段的电视节目评价体系针对垂直领域和类型节目在不断研究细化。本课题在早期就已经预见性的判断，电视节目评价体系的综合、指标组合与单一维度的细化评估将并行出现，在实践应用和指标测评中，是可以个性化订制以及分类型按需研发的。因此，在电视节目影响力的评价体系的操作环节，预留了可供使用机构自行拓展或通过联合研发的下一级指标体系。

（3）出现电视节目影响力研究视角

在新媒体多样态的产品类型的市场侵占形式下，电视行业与其他媒体的竞合关系中如何体现电视节目的影响力，正逐渐成为业界关注的话题，并反映在学术研究领域。因此，正视现实中的迫切需要解决的问题，面对时代和社会提出的增强电视媒体文化引导力和主流媒体影响力的需求，对电视节目影响力这个具体领域进行科学系统的深入研究，及时将电视节目影响力的研究成果推广具有现实的意义。

二、电视节目影响力研究综述

由于电视节目影响力评价体系的研究相对较为独立，业界仅2011年央视节目综合评价体系中有影响力指标描述，占总分的25%，由网络影响力10%和满意度15%构成。“2014年，央视将‘融合力’引入并分解为‘网络影响力’和‘网络传播力’两个二级指标，分属‘影响力’和‘传播力’之下，各赋予10%的权重……湖北卫视的综合评价指标体系中的影响力指标占总分的30%，由满意度20%和品牌美誉度10%构成。”[①]泽传媒在全媒体传播指数基础上提出了融合力指数。

其他研究文献为零散的几篇对央视节目评价体系介绍性的文章。王斌在《媒体融合语境下电视媒体影响力评价新论——兼对“郑丽勇指标体系”的补充与发展》（2016年）中谈到广度、强度、信度、效度、融度“五位一体”的电视媒体影响力WSRVC分析模式，同时认为暂时不需要合成“电视媒体影响力指数”[②]。由于电视节目的影响力评价体系的研究文献有限，本书先从外延的电视节目影响力研究入手，梳理研究发展脉络，然后集中于核心领域的电视节目影响力评价体系，探讨这个领域的主要关注者和研究机构的成果表现。

（一）电视（含节目）影响力研究文献综述

1.1995—2007年电视影响力研究的早期阶段

在中国知网高级检索篇名关键词“电视”+“影响力”，共有73条结果。检索篇名关键词“节目”+“影响力”，共有23条结果。两次检索结果中重合13篇文献。从研究者的机构来源看，电视台从业人员有中央电视台、浙江、安徽、江西、福建、湖北、山东、河南、辽宁、吉林省广播电视集团、

① 刘燕南，张渤，刘双：《电视评估体系的顶层设计与基层实践——来自电视台一线的报告及思考》，《现代传播》2015年第8期。

② 王斌：《媒体融合语境下电视媒体影响力评价新论——兼对“郑丽勇指标体系”的补充与发展》，《中国广播电视学刊》2016年第4期。

地市电视台媒体人以及各高校的研究者。从整体来看，这个阶段的研究以质化研究为主，从行业需要和研究的理论价值对电视媒体或电视节目的影响力进行了一定的探讨，对电视节目的影响力评价体系的思考还处于粗略解析和模式探讨的初步阶段。

（1）分析电视影响力研究的意义和价值

这个阶段的有些理论性探讨文章并没有严格区分电视节目与电视媒体。闵惠泉的《电视的意识形态影响力——布热津斯基媒体观述评》（1995年），对电视工具性价值进行了新视角的分析①。李岚的《电视的核心价值在于影响力》（2005年），孙捷敏的《对电视媒体影响力本质的一种认识》（2006年）②核心观点是“电视传媒影响力从本质上看，是电视媒体由节目‘吸引注意’与‘引起受众认同的变化’”两个基本的部分构成的。此外还有探讨文化影响力、传播影响力、品牌影响力、市场影响力和社会影响力等的文章，如俞虹的《分众时代电视社会影响力分析》（2004年）③。

（2）解析电视影响力的构成或影响因素

中视金桥媒介研究中心的《如何评估电视媒体影响力》（2007年）认为媒体影响力=媒体影响受众的能力+受众影响社会的能力。前者由7个指标构成，后者由3个指标构成，每个指标有1—5分的五个等级④。田大宪的《电视新闻评论影响力解构》（2004年）认为“收视率是影响力的外化与显在形式，公信力、思辨力、感染力是决定影响力的内在因素”⑤。

（3）对类型节目的影响力进行思考

在这个阶段，新闻节目、新闻评论节目、法制节目、广告节目、谈话

① 闵惠泉：《电视的意识形态影响力——布热津斯基媒体观述评》，《现代传播》1995年第4期。

② 孙捷敏：《对电视媒体影响力本质的一种认识》，《福建广播电视大学学报》2006年第6期。

③ 俞虹：《分众时代电视社会影响力分析》，《中国广播电视学刊》2004年第1期。

④ 中视金桥媒介研究中心：《如何评估电视媒体影响力》，《市场观察》2007年第12期。

⑤ 田大宪：《电视新闻评论影响力解构》，《社会科学评论》2004年第1期。

节目、文化娱乐类节目、公益节目是研究较多的类型。有的学者采用了个案研究法分析类型节目的影响力，比如《百家讲坛》《经济与法》《科技人生》成为一些论文探讨的研究对象。

（4）对电视媒体的影响力评价体系提出初步设想

郭振玺撰写的《电视媒体的品牌化与影响力》（2005 年）文章中认为电视媒体发展到了品牌化阶段，电视媒体品牌的核心就是“影响力”，“‘影响力’评价体系应该既有覆盖率、收视率等量化标准，也有满意度、媒介品质等质化指标；既从电视媒体角度出发，涵盖了政策、资源、节目、人才、社会和行业地位等软硬件因素，也从受众角度出发，包括了受众结构、受众态度、受众价值等参考因素”[①]。吴秀娥的《“影响力”评估标准将提升电视媒体品质》（2005 年）一文反映了这个阶段对影响力评估标题和体系的行业需求[②]。

2. 2008—2014 年电视（含节目）影响力研究的深化阶段

限定查找时间段，在中国知网高级检索篇名关键词“电视”+“影响力”，共有 183 条结果。检索篇名关键词“节目”+“影响力”，共有 96 条结果。两次检索结果中重合 48 篇关于电视节目研究的文献，筛选出无关的“广播节目”的影响力研究文献共 16 篇。分析总计 165 篇相关文献材料后，可以发现与前一个阶段相比的新变化是：

（1）多力维度下的电视影响力研究

多力维度是指把影响力与公信力、传播力、注意力或购买力等放在一起研究，分项相互之间的关系和提升改变的策略。比如黄慧、林浩、顾凯（2011 年）[③]的文章以湖北电视台综合频道相亲节目《伊见钟情》为例，从公信力、注意力、影响力三个层面对节目的成长路径、发展方向进行探

① 郭振玺：《电视媒体的品牌化与影响力》，《大市场·广告导报》2005 年第 7 期。

② 吴秀娥：《“影响力”评估标准将提升电视媒体品质》，《中国广告》2005 年第 6 期。

③ 黄慧，林浩，顾凯：《公信力·注意力·影响力——关于电视婚恋节目成长路径的思考》，《当代电视》2011 年第 12 期。

讨。孙耀楠、彭华新（2011 年）[①] 提出的从注意力、影响力到购买力——“三边力学”的电视媒介现代营销观，三种“力”相互交织和牵制，共同作用于电视媒介营销市场，影响力是对注意力的“修正”，注意力为影响力提供硬性指标，购买力是三边力学的终极目标。河北电视台的薛瞳瞳、段铮、高红甫（2014 年）[②] 引用吴海明观点，认为公信力是影响力之源，传播力是影响力的手段，分析了提升电视新闻媒体三力的四种途径。

（2）新媒体视域下的电视影响力研究

在新媒体视域下，社交媒体的微博、微信等对电视节目、栏目频道的影响力有促进作用。肖明（2013 年）[③] 直接提出了“超电视节目：没有社交媒体，就没有影响力”的观点。这个阶段探讨微信与电视媒体影响力关系的论文有 4 篇，2013 年 2 篇，2014 年 1 篇，2018 年 1 篇，代表性文章是李丹的《借助“微信”扩大电视媒体在移动终端影响力》（2013 年）[④]。探讨微博与电视媒体影响力关系的文章有 3 篇，最具代表性的是高一然的《电视媒体官方微博的框架比较分析——以新浪微博影响力榜排名前三的卫视微博为例》（2012 年）[⑤]。

（3）网络影响力维度的电视影响力研究

在这个阶段，《中国电视网络影响力研究》课题组共计发表直接相关学术成果论文十余篇，具体可见参考文献附录的本课题组研究成果，集中在三个研究领域。

第一，正式向全社会公布中国电视网络影响力的评价体系和相关指标

① 孙耀楠，彭华新：《从注意力、影响力到购买力——“三边力学”的电视媒介现代营销观》，《媒体时代》2011 年第 12 期。

② 薛瞳瞳，段铮，高红甫：《全媒体时代电视新闻媒体如何提升公信力传播力影响力》，《采写编》2014 年第 1 期。

③ 肖明：《超电视节目：没有社交媒体，就没有影响力》，《广告大观（综合版）》2013 年第 6 期。

④ 李丹：《借助“微信”扩大电视媒体在移动终端影响力》，《广告大观（综合版）》2013 年第 3 期。

⑤ 高一然：《电视媒体官方微博的框架比较分析——以新浪微博影响力榜排名前三的卫视微博为例》，《现代传播（中国传媒大学学报）》2012 年第 5 期。

构成。

通过权威期刊和报纸向社会正式发布了课题组的理论性成果，例如李岭涛和黄宝书的《网络影响力：中国电视的新型评价体系》（2008年）[①]，提出了知名度、被关注度和收视度三项关键指标，并于2008年度电视网络影响力分析报告中补充了美誉度指标，反映在论文《理论创新与实践价值：互联网时代电视评价体系的建构》（2009年）中[②]。

第二，发布月、年度的中国电视网络影响力数据和统计分析报告。

课题组在2008年发布了前一个年度的中国电视网络影响力调查结果及相关影响力评价体系的理论认识[③]。李德刚、李岭涛的文章《一超多强格局与春节效应凸显——2011年3月份全国省级卫视频道网络影响力数据分析》（2011年）[④]用客观翔实的数据对全国31家省级卫视频道的网络影响力表现的分项指标（知名度、关注度、收视度、美誉度）和网络影响力总评指数进行了汇总分析，阐述了2011年3月份省级卫视一超多强格局的原因、重点观测的省级卫视频道的节目及网络话题表现与其网络影响力的关联。此后更是连续发布了8个月的省级卫视频道网络影响力分析报告。

第三，用个案研究进一步验证电视网络影响力评价的价值和科学性。

例如，李德刚、李岭涛的《地面频道栏目的网络突围策略——〈零距离〉栏目的网络影响力分析》（2009年）[⑤]，对孟非主持的江苏都市频道的新闻节目《零距离》做了个案研究和量化分析，并与江苏卫视节目《人间》

① 李岭涛，黄宝书：《网络影响力：中国电视的新型评价体系》，《现代传播（中国传媒大学学报）》2008年第3期。

② 李德刚，李岭涛：《理论创新与实践价值：互联网时代电视评价体系的建构》，《现代传播》2009年第9期。

③ 李德刚，李岭涛：《电视网络影响力：媒介研究的新领域——兼评2008年度中国电视网络影响力调查结果》，《广播电视信息》2008年第7期。

④ 李德刚，李岭涛：《一超多强格局与春节效应凸显——2011年3月份全国省级卫视频道网络影响力数据分析》，《中国广播电视学刊》2011年第5期。

⑤ 李德刚，李岭涛：《地面频道栏目的网络突围策略——〈零距离〉栏目的网络影响力分析》，《中国广播电视学刊》2009年第6期。

做了四项指标数据对比，探讨了《零距离》节目网络传播的策略。

另外有陈明的《评价体系：如何在构建中完善——对〈中国电视网络影响力报告〉的商榷和建议》（2011 年）[①] 建议报告的研究范围应当适当扩大，报告中排行榜的内容亦应增设一些项目。陈李杨、张佩、王晨晨的《应用多层次灰色模型的电视节目影响力评估》（2014 年）从频道层次实力、收视率以及网络影响力建立了评价指标体系，进而基于层次分析法和灰色关联分析方法的二者结合，建立多层次灰色模型，研究选取了具有代表性的三个电视节目进行验证[②]。

（4）社会学指标维度的电视影响力研究

一是根据民族指标，有研究电视节目对少数民族地区比如新疆和西藏群众的影响力。二是从年龄层次指标，有谈到电视广告对儿童的影响研究。三是根据性别分类，有对女性群体的研究，朱雪梅、郝一民（2010 年）谈到电视广告对女性消费的影响力[③]。四是职业类型指标，比如对农民群体的影响力研究。如陈旭鑫、黄娟（2008 年）对江西农村电视受众的调查[④]。

3. 2015—2019 年电视（含节目）影响力的研究综述

限定查找时间段后，在中国知网高级检索篇名关键词“电视”+“影响力”，共有 142 条结果。检索篇名关键词“节目”+“影响力”，共有 110 条结果。两次检索结果中重合 48 篇关于电视节目研究的文献，筛选出无关的“广播节目”的影响力研究文献有 16 篇。与前两个阶段相比，有些研究选题依然延续，这个阶段的电视影响力研究呈现的新特点是：

① 陈明：《评价体系：如何在构建中完善——对〈中国电视网络影响力报告〉的商榷和建议》，《江汉大学学报（人文科学版）》2011 年第 3 期。

② 陈李杨，张佩，王晨晨：《应用多层次灰色模型的电视节目影响力评估》，《知识经济》2014 年第 9 期。

③ 朱雪梅，郝一民：《电视广告对女性消费的影响力》，《新闻爱好者》2010 年第 1 期。

④ 陈旭鑫，黄娟：《加强市场调研　提升农业类电视节目影响力——基于对江西农村电视受众的调查》，《电视研究》2008 年第 12 期。

①集中出现新闻节目影响力研究，共计 50 篇，和这个阶段政策性要求加强新闻传播，强调省级卫视新闻立台有关；②突出新媒体时代的特征，用“新媒体 + 电视 + 影响力”合并关键词篇名检索到的文献有 33 条；③提高电视影响力的策略性或价值性研究较多，“提升（或提高）+ 电视 + 影响力”合并篇名关键词的文献就有 75 条。

（二）专著

“中国电视网络影响力研究”课题组不仅连续四年面向社会公布《中国电视网络影响力报告》，还在 2008—2009 年发布了“中国最具网络影响力的十大 ××××”[①] 系列著作。除此以外，郑丽勇等著的《2010 中国新闻传媒影响力研究报告》分为方法、报告和专题三篇，对媒介影响力评价指标体系和模型构建以及调查设计做了详细说明，介绍了包括电视在内的五类新闻传媒的研究报告，还附有包括省级卫视影响力研究在内的多个专题研究[②]。

中央电视台发展研究中心的《2013 中央电视台电视节目网络影响力年度分析报告》对本台节目的网络影响力评价数据进行了系统分析。张政法的《主体的影响力——广播电视有声语言传播主体研究》[③]（2014 年）从传播要素上探讨了传播主体的影响力。强荧、焦雨虹主编的《上海传媒发展报告（2014）》谈到通过理念、模式、技术、内容、渠道等多元融合发展，创新传播格局，提升主流媒体的公信力、传播力、影响力[④]。

2015 年后的学者个人著作成果不多，黄鸣刚的《电视传播与影响力》

---

① 指的是十大 CCTV 栏目、省级卫视电视栏目、社会制片栏目、电视剧、省级卫视频道、城市电视台、地面频道、电视事件、电视人物等。

② 郑丽勇，等:《2010 中国新闻传媒影响力研究报告》，浙江大学出版社，2011 年版。

③ 张政法：《主体的影响力——广播电视有声语言传播主体研究》，中国传媒大学出版社，2014 年版。

④ 强荧，焦雨虹：《上海传媒发展报告（2014）》，社会科学文献出版社，2014 年版。

（2017 年）[①]，主要分析了电视媒体的舆论引导力相关问题，涉及新闻、娱乐节目和危机传播等方面。王斌的《电视媒体对维吾尔族受众的影响力现状与提升路径研究》（2018 年）[②]是国家新闻出版广电总局课题“少数民族地区电视媒体传播效果研究”的成果之一，采用问卷调查、入户调查、行业访谈等方法获得了大量第一手资料。

（三）研究评价

2015—2019 年电视媒体或电视节目影响力的研究存在以下特征：

1. 质化研究数量远超量化研究

描述性的质化研究多，也和电视影响力研究体系指标复杂有关系，因为电视的媒体属性，电视节目的影响力也要遵循传播的规律，影响传播的因素多种多样，仅从传播五要素分析就有若干的因素需要一一分析，因此往往会存在电视节目影响力评价体系现实的操作难度和实践应用的水土不服。

2. 电视影响力评价分析偏重传播效果研究

从量化指标来看，无论是电视节目的网络影响力评价还是借助于诸如收视率、市场份额、美誉度等的指标分析，多侧重节目播后的效果评价，这样可以借用一些行业里常用的指标进行权重赋分，实现对电视节目高效率的评估。例如中央电视台发展研究中心的王莹撰写的《2014 年度电视综艺节目网络影响力竞争分析》（2015 年）是以网媒关注度（条）、网民评议度（万条）、视频点击量（万次）作为电视综艺节目网络影响力评价的三个指标项目[③]。

3. 垂直领域的电视节目影响力细化研究成为行业所需

在电视节目的影响力评价体系探索和实践过程中，无法实现一套评价

---

① 黄鸣刚：《电视传播与影响力》，中国广播影视出版社，2017 年版。

② 王斌：《电视媒体对维吾尔族受众的影响力现状与提升路径研究》，中央民族大学出版社，2018 年版。

③ 王莹：《2014 年度电视综艺节目网络影响力竞争分析》，《电视研究》2015 年第 5 期。

指标的全覆盖，对不同类型的节目需要有个性化的评价系统，对于具有地方特色文化的不同区域，电视节目的影响力评价体系也需要进行调整和指标项目修订或细化。

4. 正在探索电视节目的影响力评价体系研究

少数研究者对电视节目的影响力评价体系展开了研究。如前所述，科学合理的电视节目的影响力评价体系应该是动态的、与时俱进的、诊断式的、个性化的，这样才能更好地服务于电视媒体行业。

第四节　研究方法和研究框架

一、研究方法

（一）个案研究法

在研究过程中，本书重点调研了央视和省级卫视的创新创优节目在吸引力、品牌力、引导力、融合力和市场力维度上的表现，为其成为社会广泛认可的电视节目找到依据。课题组成员通过大量的个案研究，系统分析了有影响力节目的表现，借以树立有影响力的节目的典范和行业标杆，引导更多节目策划人、制作人和运营管理者在学习借鉴基础上大胆创新，推出更多高品质、好口碑、品牌价值和市场表现俱佳的优秀节目。

（二）比较分析法

通过对近几年出现的业界认可的现象级的节目进行比较分析，根据影响力评价体系的吸引力指标、品牌力指标、引导力指标、融合力指标和市场力指标，逐一进行对照和比较，从而揭示不同节目影响力生成的要素和影响力的表现。本书尝试从比较的角度把握电视节目影响力的特有规定性，在实践检验中证明分项指标的科学性与合理性，并加以检验修正。

（三）系统动力学分析

在对国内电视节目相关研究成果分析、研究、借鉴和整合的基础上，通过咨询相关领域专家来构建电视节目影响力评价的基础模型。该模型由吸引力、品牌力、引导力、融合力和市场力五个子系统构成。同时，通过个案研究、因果分析、相关因子检测等方法，确立了各子系统的关键影响变量和相关变量。通过仿真预测，结果的拟合度较好；经检测，模型测量效果较佳。在评价模型各子系统的基础上，开发出用于电视节目影响力诊断的量表，可以对电视节目的制作、推广和运营中的得失提供预测性的参照，从而有助于国内电视节目整体影响力的提升。

（四）语义分析和聚类分析法

本书通过对电视行业广泛认可的现象级的节目进行相关信息的实时、历史检索和分析，寻找与测评项目意义匹配度高的关联词，确定节目的关键词组合。并通过对央视和省级卫视节目等内容进行有重点的采集与分析，然后通过关键词聚类分析，进行归类和组合，从而确定了诊断评价的各个维度的相关指标，从而把以电视台为主体的电视节目评价提升为体现受众和用户导向的电视节目影响力评价，以厘清当代中国电视节目影响力的内在结构和运作模式。

二、创新之处

（一）影响力评价体系以受众为核心，更加注重用户的反馈

电视节目影响力的评价体系建构，不是纯粹的技术命题，也应是价值观命题。党的十九大报告指出："要坚持为人民服务、为社会主义服务，坚持百花齐放、百家争鸣，坚持创造性转化、创新性发展，不断铸就中华

文化新辉煌。”[①] 作为文化软实力的重要组成部分，电视媒体更要响应此号召，不断满足受众的需求，为受众更好地参与电视媒体的互动提供优质平台和环境。同时，随着网络媒体的快速发展，受众的主体性意识也在不断提高，受众已经从原来的被动接收者逐步转化为电视节目的积极参与者，他们不仅要求参与节目的互动，更积极地参与节目的制作和传播，甚至是节目的效果评估，这便对电视媒体提出了更高的要求。基于此，电视媒体要想获得更好的发展，就必须将更多的力量放在提高受众体验性的大方向上。而本影响力评价体系指标项目的筛选和确立尊重了受众的意见，这里的受众不仅仅是微博的用户、贴吧、头条号的粉丝、手机 App 的用户和电视机前的观众，还包括可以著文发表观点的作者、新闻报道的记者等。课题将来自受众的各方建议放大和汇聚，通过系统的筛选分析和归类聚合，提出诊断性评价的指标体系。在评价体系的应用领域中也给予受众主体权，用户可以通过该评价体系的使用对中国电视节目提出自己的建议和做出自己的理性选择。

（二）五个维度的影响力评价体系可对电视节目症状全息透视

以“五力”结构为主要框架的电视节目影响力的完整评价体系可以综合评估电视节目在与新媒体的竞合发展过程中的表现，五力结构相互关联，比单一领域的评价指标更有信度和效度，同时又避免了评价体系的烦琐性和难以操作性。当电视节目缺少创新动力、品牌价值和口碑支持，市场表现差强人意时，电视节目影响力评价体系如同透视的 X 光可快速诊断出节目的症结所在。这也印证了全息理论主张的部分与整体之间相互联系，部分相当于整体的一个缩影的观点，每个力从各自的视角解释了一档节目影响力高低的原因所在。

---

① 《习近平在中国共产党第十九次全国代表大会上的报告》，中国共产党新闻网，2017 年 10 月 28 日，http：//cpc.people.com.cn/n1/2017/1028/c64094-29613660-9.html。

（三）影响力评价体系是融合播后评估和过程评估的诊断性评价

电视节目的影响力评价体系不是简单的单向度播后总结性评估，而是在综合参考其他公开有效的电视媒体测评数据基础上的诊断性评估。而这种诊断性评估不仅可以对节目的现状进行“是什么”的调研，还可以探究问题背后的原因，总结经验和教训，并对下一阶段的影响力表现做出合理性预测。也就是说，该评价体系使理论和实践融为一体，从而形成一个较为科学、精准的循环评价系统，使节目的策划、制作、播出、评估以及再创新实现良性循环，而这也为开发出更优质的节目产业链条提供了可能。影响力评估体系并不只是将第三方机构所掌握的电视节目相关数据与网络平台、手机客户端等的数据简单整合，而是通过对微观数据的分析、整理得到一般性的规律，形成自己的一套评测系统，这些宏观性的规律便可以作为评价体系的衍生成果为更多的电视节目提供借鉴，由此便形成了评价体系运用的良性循环系统。

三、研究框架

由电视节目综合评价体系得出的评价结果称为影响力，确定电视节目综合评价体系的基本维度是吸引力、品牌力、引导力、融合力和市场力。所有研究都围绕这五个维度和它们之间的关系展开。五个维度的加权之和即为影响力。电视节目在多级传播的过程中，吸引力、品牌力、引导力、融合力和市场力的不同组合和综合作用会对电视节目的最终影响力起到增强或减弱的作用（如下页图所示）。

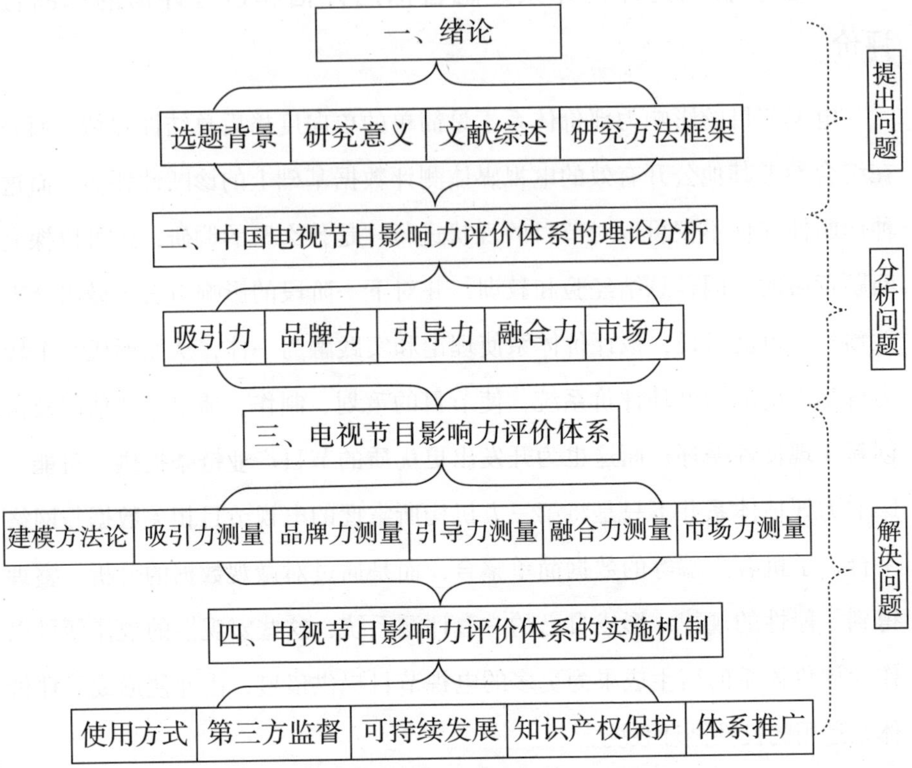

电视节目影响力评价体系的研究结构框架图

第一章　电视节目影响力评价体系的理论分析

第一节　吸引力：电视节目能否引发电视受众的注意

在现代传播学的视域里，电视节目与电视受众之间被更多地确立为一种商品交易的经济关系。作为买方的电视受众从被动的子弹论中一路搏杀出来，终于获得了任意挑选电视节目的主动权和话语权，而与此相对的是，作为卖方的电视媒体则面临着如何以自身的吸引力来博取受众注意的巨大挑战和激烈竞争。如果说电视遥控器的瞬间定格则决定了电视节目的收视前途，那么电视节目能否引发电视受众的注意直接关系到电视行业的生死存亡。

一、对电视节目吸引力概念的解析

作为一个广泛运用于管理学、心理学、物理学等学科领域的高频概念，“吸引力”一词的内涵与人的注意力密不可分。“吸引”表达了主体征服客体“注意力”的一种强烈的内在意愿，而一旦客体被主体“吸引”，即反映出客体对主体形成了积极和肯定的态度与评价，同时也代表了主体与客体之间某种亲密关系的建立。

对于电视媒体来说，吸引受众的注意力无疑是其制作和播出电视节目的出发点和落脚点。从目前的情况来看，有关电视节目吸引力概念的内涵阐释长期处于一种语焉不详、莫衷一是的表达困境，而对于究竟什么才是成就电视节目吸引力的本质属性、电视节目吸引力在生成之后的运行究竟遵循何种规律的研究更是常常流于虚无。事实上，解读电视节目的吸引力，不仅需要微观层面的业务探讨和节目解剖，更需要中观和宏观层面相关学理知识的支撑，如此方能为电视节目吸引力的维护和再生产提供富有启发性的答案。

（一）成就电视节目吸引力的本质属性

如前所述，电视节目与电视受众之间“吸引”与“被吸引”关系的达成，意味着后者对前者的某些本质属性形成了积极和肯定的态度与评价，而这也成为检验电视节目吸引力大小的关键指标。研究发现，能够对电视受众的注意力产生吸引的电视节目通常都具备下述属性特征：

1. 创新性

翻开世界电视业的发展史，不难发现只有那些以创新著称的电视节目才能真正打动受众的“芳心”，对其产生不可抗拒的吸引力。随着技术的进步，电视节目产品的可替代性增大，受众的收视时间成了各产品平台入口抢占的资源，电视节目的不断创新才有可能吸引到喜新厌旧的受众。基于这样的媒介属性，中国电视里程碑式的人物之一、已故中央电视台高级记者陈虻就曾经这样为“创新”定义，他说“做电视必须创新，而创新就是永远做那没人做过的事情。……一个创意的产生，决不仅是个人的灵感，而是各种社会因素的集合。当你想到这个创意的时候，实际上它已经形成了一个社会需要。”[①] 从《东方时空》改版到《感动中国》人物评选，陈虻的“两个创意虽然相隔九年，但创意的生发点：人文情怀、关注草根、记录历史，尤其是记录社会转型期中国人的精神史、心灵史”[②] 却始终如一地体现着一

① 徐泓：《不要因为走得太远而忘记为什么出发》，中国人民大学出版社，2013 年版，第 207~209 页。

② 徐泓：《不要因为走得太远而忘记为什么出发》，中国人民大学出版社，2013 年版，第 207~209 页。

个富有强烈社会责任感的电视人对当下社会的回应与关注。然而在当前中国的电视生态中，真正的创新无疑是奢侈品，电视从业者自身的原因和客观环境因素的掣肘最终使“学习模仿型的创新”都显得弥足珍贵。

由于电视节目创新的市场风险、宣传风险、社会风险、技术与艺术风险等的具体存在，电视媒体对于创新实践的投入相当谨慎与保守[①]。热播节目中有一部分是国外综艺的本土化改造后的N代，还有一部分是对头部节目模仿借鉴的产物。那些引进节目的所谓“借鉴”多数停留在跟风抄袭和低水平复制的层面上，其中的“媚洋”“媚俗”“媚利”“媚雅”[②]的实践误区更是不可避免地导致了无论是选秀节目还是相亲节目，大多葬送在“同质”与“高仿”的恶性竞争中。同质化竞争导致受众审美疲劳，人为地加速了优秀节目的收视衰落。

从某种意义上可以说，当前电视媒体的生存法则和普遍的浮躁心态导致了我国在国际电视版权贸易中的下游地位，而后者又制约了我国原创电视节目研发水平的进一步提高。当前我国电视节目的考察评价体系众多，但却始终不能给电视节目创作提供一个稳定的、平衡的、科学的理念支撑，电视从业人员常常处于一种短期内要立竿见影地求新、求变、求胜、求好的焦虑心态而无法静下心来开发新节目，最终陷入改版越来越频繁、优秀节目生命周期越来越短的创作怪圈。只有彻底摆脱“为创新而创新”的思想禁锢，电视节目才能真正地实现自我突破，才能精确地把握时代精神的脉搏和受众的真实爱好和趣味，不断制造出新的收视吸引点。

2. 贴近性

事实上，在当前电视节目的竞争格局下，不断推陈出新并非是吸引受众的唯一法宝。“贴近实际、贴近生活、贴近群众”同样作为电视节目创作的重要原则和方法论，这不仅可以令电视节目的内容和形式“接地气儿”，

---

① 胡智锋，杨乘虎：《中国电视节目创新问题之观察与思考——中国电视节目创新问题研究之一》，《现代传播》2011 年第 6 期。

② 胡智锋，杨乘虎：《中国电视节目创新问题之观察与思考——中国电视节目创新问题研究之一》，《现代传播》2011 年第 6 期。

还可以为其吸引受众的注意力提供丰富的资源和空间。2018 年 4 月初，中央人民广播电台播音员为《新闻联播》配音，而之前中央人民广播电台播音主持人已经加入该节目的制作中，这很好地证明了“贴近性”对提升电视节目吸引力、赢得受众认同的重要意义。在中国，恐怕没有哪一档节目能够比肩《新闻联播》的重要性，从某种意义上说，它是电视媒体将主流意识形态转化成的日常的“政治仪式”。很多中国人也许并非每天都收看《新闻联播》，但谁也无法否认其内心里都有个挥之不去的“新闻联播情结”。2013 年以来，无论是 PM2.5 的系列报道还是《走基层：曹家巷拆迁记》的“新闻连续剧”的上演，似乎都在努力打破之前饱受诟病的新闻叙事排序的“三段论”①。《新闻联播》开始尝试以亲民的姿态、生动的面孔、走基层的决心打造自身的吸引力，这种变化很快得到了受众们的热议和肯定，可以说，这不仅是新闻规律的一次胜利，更是受众对于电视节目生产中“贴近性”价值的一次褒扬。

3. 民族性

作为一种文化产品，电视节目的民族性无疑为电视受众的文化身份认同导引了方向和路径。通常来说，那些具有鲜明民族性和本土意识的电视节目往往更能吸引受众的注意，因为相同的民族文化基因决定了节目旨趣与受众欣赏口味的内在和谐与统一，这是任何引进节目都无法比拟的先天优势。当然，成功引进的节目也大多是经过了本土化的改造方能获得受众的认可。在这方面，中央电视台的《春节联欢晚会》绝对是极具研究价值的典型个案。尽管近些年舆论对《春节联欢晚会》收视率的质疑从未消失过，对《春节联欢晚会》质量的争议也是甚嚣尘上，但是《春节联欢晚会》的“新年俗”地位却从未被撼动过。而“边看边吐槽”欣赏模式的问世更是从不同的角度折射出受众对央视《春节联欢晚会》的特别关注。正所谓“民族的才是世界的”，央视《春节联欢晚会》凭借浓郁的中国风情不仅吸引了

① 李晓婷，朱晓佳，张洁瑶，阎彬：《2013 年〈新闻联播〉改版文本分析》，《南方周末》2013 年 1 月 25 日，http：//www.infzm.com/content/85744。

大批海外华人的收看，更为外国人认识中国打开了一扇媒介之窗。毋庸置疑，这是《春节联欢晚会》内在的民族性所蕴含的不可抗拒的魅力，是构成一国电视节目吸引力的灵魂所在。总之，民族性作为电视节目吸引力的源头活水，理应受到学界和业界更高的重视。

4. 差异性

当今我国的电视节目已然进入一个差异化生产的时代。在日益丰富的节目供给面前，不断被细分的受众群体对电视节目的制播提出了更高的要求。过去一档热播节目的火爆往往会引致同一节目模式下的数量激增和同质化，比如音乐节目、交友节目等。但随着越来越多的受众审美品位的提高和眼界的开阔，他们已经开始以审视和挑剔的眼光来看待电视人提供的产品了。差异设置的频道内容是对受众个性需求的积极回应和及时满足。在近几年兴起的朗读节目领域，中央电视台的《朗读者》和黑龙江卫视的《见字如面》节目可谓通过差异性的内容设置和形态区隔，为受众提供了同样由声音所塑造的不同审美体验。即便一个电视频道对某种节目类型更为偏重，也会通过节目模式要素的变化和对受众的调查研究，不断的创立新颖的节目形式。今天，受众欣赏旨趣和口味的分化激励了电视从业者制作出更加丰富多彩的电视节目。

（二）电视节目吸引力的运行规律

正是凭借创新性、贴近性和民族性，电视节目方能从根本上形成对受众的吸引力。但在考察一档电视节目时，我们却常常会陷于这样的困惑：为何曾经为受众所喜爱的节目，会在一段时间之后为受众所抛弃？是受众喜新厌旧了？还是电视节目自身出现了问题呢？要回答这个问题，首先需要了解电视节目吸引力的运行规律。通常认为，电视节目吸引力的运行规律可分为四个阶段，生成阶段、持续阶段、衰退阶段和挽救阶段。

在生成培育阶段，电视节目需要面对的最大课题便是如何为受众所认知进而吸引受众的注意。在电视媒介竞争异常激烈、但传播途径异常丰富的今天，这个阶段对受众产生吸引既是最困难的又是最容易的，难就难在如何脱颖而出，只要节目足够有新意、足够亲民、足够合中国人的口味，一炮而红并非难以企及，比如《向往的生活》《锋味》等。但需要特别说明的是，在传统的电视节目生产环境中，生成之后的节目吸引力通常都会维持一个继续攀升的态势，直至顶峰；然而在今天，电视节目一经问世便往往意味着自身吸引力已达最高值，继而将是平稳中的下降。这是成熟的电视工业高品质生产的体现，但也在无形中加速了电视节目吸引力的衰退。类似浙江卫视《奔跑吧兄弟》（已更名为《奔跑吧》）一红便持续多年的个案，在今天看来越来越不可能复制。

当然，在持续保有吸引力的阶段，电视主创人员往往都会竭尽全力维护节目的高品质和好口碑以延长受众的兴趣与注意力。但事实上，此时电视节目创意带来的新鲜感已经在不知不觉间消退，更为严峻的是，电视同行此刻往往又在酝酿新节目，可以说这是一档节目吸引力运行过程中最危机四伏的阶段。以湖南卫视经典节目《歌手》（原名《我是歌手》）为例，作为我国首档实力歌手舞台竞演的真人秀节目，该节目的主创还未来得及仔细回味节目收视火爆的美妙，便不得不面对各种因赛制、艺人档期和审美疲劳带来的棘手问题。从 2013 年到 2019 年的七年间，《歌手》已然从巅峰状态滑落下来，无论是口碑还是话题度都不能与当时同日而语，这对于电视从业人员来说无疑是非常残酷的。

电视节目对受众的吸引力衰退是不可避免的，只是时间早晚的问题，而这个阶段通常又会与对节目吸引力的挽救结伴而行。改版得及时、到位，节目会重新赢得受众的喜爱，否则将难逃受众的抛弃和电视媒体自身的吐故纳新、新陈代谢。总体而言，电视节目吸引力的运行规律是电视从业者谋求受众珍贵而有限的注意力资源时必须参考的，只有科学遵循、理性对待这一规律，方能探索出延长电视节目生命周期的准确路径，最终赢得受众长久的关注与青睐。

二、吸引力指标与电视节目影响力评价体系

（一）将吸引力指标纳入电视节目影响力评价体系的意义

基于以上分析，我们便不难理解为何要将“吸引力”纳入电视节目的影响力评价体系。可以说，电视节目的吸引力是形成影响力的第一步，没有对受众注意力的吸引，何谈对受众形成进一步的影响。从总体来看，电视节目的吸引力构成了影响力评价体系的基础和前提。同时，电视节目的吸引力是与受众联系最为紧密和直接的指标，在整个评价体系中，受众始终占据主体地位，作为一切市场活动的出发点，受众对电视节目买不买账将成为衡量电视节目的重要标准。可以说，电视节目的吸引力指标一头连着节目制作，另一头连着受众收视，双方的共同作用决定了电视节目影响力评价的最终走向。

（二）与吸引力有关的评价要素

1. 节目收视率

在电视节目影响力的评价体系中，收视率是电视节目吸引力直观的呈现。收视率调查实践中的人为造假和注水事件时有发生，使得业界的质疑声不断，央视更是将其改造为“绿色收视率”加以正名，但客观地说，作为“在一个人口群当中，所有电视用户（TV house-holds）或所有人，收看某一个节目或电视（台）频道的估计百分比”，收视率在“衡量电视观众人数与组成”[①] 方面仍然具有不可替代的实用价值。收视率比较好地解决了媒介因素和受众因素的衔接问题，运用量化的手段为电视媒体改进节目、受众收视选择以及广告商购买节目等提供参考。

目前，国际上通用的收视率公式已经从单纯倚重受众规模向强化忠实受众的方向转型，即“节目收视率 = 到达率 × 忠诚度，通常意义上，到达

① 李岚：《中国电视产业评估体系与方法》，华夏出版社，2004 年版，第 86 页。

率是指符合到达条件的电视节目受众的数量，忠诚度体现的是节目对受众吸引力的概念，其指数越高，表明节目对受众的吸引力越大。如果收视受众容量一定或下降，吸引力就变得至关重要”①。由是观之，到达率和忠诚度分别把控着收视的广度和收视的深度，如果说前者追求的是扩大受众的覆盖范围，那么后者则在日益萎缩的传统电视收视环境中，追求着受众黏性的不断加强和日趋稳定，而这一指标对于电视节目吸引力的研究更具启发性和现实意义。但总的来看，电视节目的收视率被更多地视为一种“行为指标”，反映收视受众的规模大小、人口统计特征以及节目受到的关注度的高低，其中的忠诚度指标，也仅仅呈现和印证了电视节目吸引力的大小对受众收视行为的直接影响。

2. 受众满意度（电视节目欣赏指数）

然而，我们也必须得承认，“收视率与收视效果没有必然的关联性，数据显示人们接触某个节目并没有说明他们被该节目所影响，研究者要慎重推断最高收视率的节目最有影响力”②。通常，收视率只能在回答“受众收视行为如何”方面有所建树，却对解释“受众收视行为为何”的问题无能为力。在这种情况下，开展对受众的满意度调查就显得十分必要和重要了。“满意度，又称欣赏指数，是反映受众对电视频道或节目的态度或评价的一个指标”③，该指标的最大诉求就是考察电视节目“是不是满足了受众的愿望与需求”“是不是合乎受众的心意”。也正是基于此，对电视节目吸引力的衡量其实应当统筹收视率和满意度两个层面（如图1-1所示）。

① 杨华：《受众忠诚度管理是收视突围的新策略》，《电视研究》2009年第7期。

② 李岚：《中国电视产业评估体系与方法》，华夏出版社，2004年版，第89页。

③ 刘燕南：《电视收视率解析——调查、分析与应用》，中国传媒大学出版社，2006年版，第182页。

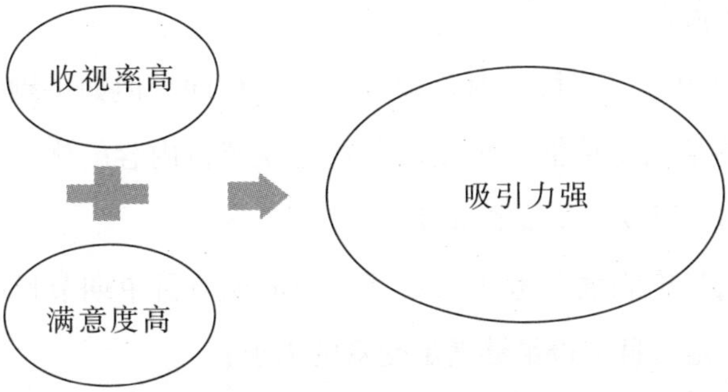

图 1-1 电视节目吸引力与收视率、满意度之间的关系图

事实上，从“到达率—忠诚度—满意度”的深化轨迹来看，电视节目的吸引力只有得到受众的肯定才算最后生成。换句话说，以到达率和忠诚度为主要考量的“收视率只是一个单一指标，只用以反映人们看不看此电视节目，以及有多少人在看的情况”，而“满意度，是要反映出有多少人看了节目、有多少人说节目好，或哪个地方的受众认为节目好、节目好在哪里”[①]。然而近年来，关于“什么是好的电视节目”“什么是让受众满意的电视节目”等问题始终争议不断。很显然，“好”和“满意”既涉及事实判断，又兼顾价值判断，而且尤以价值判断为重。从传播实践来看，只有那些在内容、形式、质量和编播等各个层面都赢得受众的好感、信任、认可、支持和赞许的节目，才能真正称得上是好的和令受众满意的节目。

三、电视节目吸引力的主要研究维度

（一）从节目生产的角度看电视节目吸引力的形成

通过前文的分析可知，电视节目吸引力的大小归根结底取决于节目本身的品质。换句话说，在激烈的媒介竞争中，电视台或制作公司对电视节目的品质控制才是激发受众注意的关键所在。节目的品质表现在以下方面：

---

① 《2012 年度中国电视满意度博雅榜昨日公布》，《佛山日报》2013 年 2 月 27 日，http：//www.admaimai.com/News/Detail/2/98551.htm。

1. 节目的内容

不同类型的电视节目的内容构成也不尽相同。但如果剔除类型因素，我们仍然能够从信息传播的角度来考察电视节目内容的优劣，具体的标准包括：信息的饱满度、信度和效度。

——“信息饱满度”考察的是某一档电视节目单期节目中的信息丰富程度，侧重的是信息是否足够满足受众的需求；

——“信息信度”考察的是一档节目中信息的可靠性、一致性和稳定性，侧重的是信息是否客观真实和权威；

——“信息效度”考察的则是节目信息的有效性和有用性，侧重的是信息是否能为受众所用。

需要说明的是，即便是娱乐节目也同样适用于上述三个标准的检验，比如有的娱乐节目充斥着各种插科打诨、无聊无趣的低级笑料，有的甚至还以隐私爆料和情色挑逗吸引受众的眼球，主持人和嘉宾更不惜以相互贬损、出丑来博受众一笑，收看这种信息含量严重不足的节目对于受众来说收获极低，有的甚至还会对青少年产生不良影响，对受众的效度更是无从谈起。

而与此形成鲜明对比的是，很多纪实类电视节目，比如北京卫视打造的全新原创医疗纪实节目《生命缘》将摄像机对准与时间赛跑的急诊室、生死一线的抢救室、无影灯下的手术室等，遴选了全国医疗条件先进、专业资源聚集和难度大危险系数高的病例，记录医生与病患及家属的人性故事和他们共同见证的生命奇迹。精心的节目策划和精细的制作很好地锻造了节目内容的品质与信誉，节目的信息传播效果更是赢得了广大受众的一致认可和满意。可以说，从 2014 年 7 月 26 日第一季开播，到 2018 年第七季的全新推出，《生命缘》节目凭借着医疗科普信息传播的盛宴成就了今天的社会影响力。

2. 节目的形态

电视节目形态是受众最先识别的节目特征，有时富有创意的节目形态便意味着节目成功了一半。事实上，学界关于电视节目形态的研究始终存在两种近乎相反的声音，一种认为电视节目形态需要不断创新，在变化中时时给予受众以新鲜感的刺激；另外一种声音则认为电视节目形态就那么多，并非能够源源不断地被创造出来，好的节目形态重在其推广价值和本土化改造。从不同的角度来考察，这两种说法都有一定的合理性，前者突出了电视节目这一文化产品的创意属性，而后者则强调了优秀电视节目形态的普适性。但是对于中国电视产业的当下情境来说，节目形态的引进已经日趋规范和常态化，其传播效果也得到了受众收视市场的检验，在这种情况下，我们更需要呼吁的则是原创电视节目形态的问世。毕竟从世界电视发展的宏观格局来看，缺乏原创的电视文化是急功近利的短视文化。

在引进节目占据国内荧屏的时期，中国电视人的原创能力被低估了，一旦跨越前期的引进模仿阶段的快速学习成长期后，创新节目形态研发原创节目模式以体现文化自信和民族品格被提上日程。节目的形态创新意味着节目新元素的发掘和节目基本元素的重组，是在具有时代精神的新节目制作理念下对故事逻辑的架构。就整个电视产业的发展而言，带有鲜明原创意味的电视节目形态构思不仅有助于赢得受众的青睐，更能帮助我国在电视版权交易中赢得主动，占尽先机，并最终打造出完善和成熟的电视文化产业链条。

3. 节目的风格

风格是受众识别和把握一档电视节目总体艺术特色的标志和线索，不同风格的电视节目可以对不同的受众群定向产生独特的吸引力。对于电视媒体来说，“风格”的表现载体不仅指单个节目，还包括某一特定频道，甚至是某一电视台。这也就意味着，在受众的收视过程中，节目风格、频道风格和电视机构的风格都可能凭借对电视艺术相对稳定、内在而深刻的表现而吸引受众的注意。除此之外，电视机构的风格也同样构成影响受众收视选择的关键性要素。比如，目前在全国上星的卫视频道中，湖南卫视和东方卫视均已形成辨识度和美誉度都很高的自身风格。前者以“全民娱乐”

的口号奠定了强势媒体的地位，后者则借助“新鲜”、“新锐”、“都市”和“国际”的定位将自身打造成了中国顶尖的电视新闻、节目的内容制作与内容平台运营商。

诚如布封所说“风格即人”，电视艺术风格形成的背后凝聚的其实是认同此风格的电视工作者的心智与创意，有何种品位的从业者便会生产出何种风格的电视节目，进而吸引何种类型的受众，反过来这也可以认为是电视媒介对于多元的受众心理的逆向满足。不仅如此，电视节目编导的旨趣与品位也将最终影响电视产品的整体风格，这当然是文化创意产业独具的生产机制所决定的必然结果。

4. 节目的口碑

电视节目的口碑或者说美誉，是受众对电视节目品质的最终评价，反映的是收看群体对于电视节目的信任、好感、接纳和欢迎的程度，也是电视节目具有吸引力的重要表征和证明。在当前浮躁的电视媒介生态中，不同节目的品质参差不齐，粗制滥造者更是不在少数，个别节目则恶评如潮，口碑极差。那些制作精良、品质上乘、有着良好社会影响的电视节目，不仅能够净化和陶冶受众的心灵，而且还能成为彰显民族精神的媒介旗帜。中央电视台的《等着我》便是其中典型的代表，这是全国首档国家力量全媒体大型公益寻人节目，旨在打通公共服务部门、民间寻亲组织、社交媒体、网络平台等的资源，用全媒体的辐射力和渗透力助力更多人圆自己和家人的寻人梦。开播至今，《等着我》节目试图“唤醒人性”，尽管节目里也有长久等待后毫无线索的失落，随时间湮没不愿再提及的往事、悲伤情绪带来的潸然泪下，但是随着一个个期盼许久的重逢成真、当一次次感恩感谢的话念起，最后所展现出的幸福与喜悦的感染力、多种情绪和情感的冲击力都是在其他节目中无法感受到的。“《等着我》以悲喜交加、情理交融的原生态形式，用泪水和欢笑，诠释了社会主义核心价值观。打开那扇‘希望之门’，与其说是久违的亲人、朋友或恩人的重现，不如说是社会文明、精神价值的回归。”[①]

（二）从受众收视的角度看电视节目吸引力的形成

前面具体分析了如何从电视节目的内容、形态、风格和口碑等层面来提高和增强对受众的吸引力，反过来，电视受众自身的社会分层、心理需求和行为偏好也在一定程度上影响着电视节目吸引力的最终达成。同时，作为电视节目影响力体系的终端受益者，全面认知“受众属性”无疑有助于破解各种收视迷局。所谓“受众属性”（attributes of audience）是指“受众群体本身所具有的性质，以及根据各个群体性质的特有性和共有性而形成的不同受众类型”[②]。

1. 受众的类型划分

在电视基本全民普及的年代，每个人的受众身份似乎都无甚特别。但如同在现实社会一样，身处媒介社会的人们究竟可以被标识为何种类型的受众呢？这无疑是个答案纷纭的问题。那些人口统计学上的年龄、性别、种族、收入、宗教、文化程度和职业等指标在将受众分门别类的同时，也将电视节目的生产方向引导进入了一个类型学的范畴。比如学者吴红雨就曾经基于社会阶层的划分总结了三种类型的电视受众，分别是“偏向于追求更有意义的信息内容”的高学历中产阶级受众、“倾向于收视娱乐化的电视内容，但开始关注新闻”的农村受众和“在电视中寻求‘精神寄托’”的老年受众[③]。

总的来看，对于受众类型的细分不仅能够推动电视频道的专业化发展，同时也能使电视节目的市场营销更有效率。当然，受众类型只是一个理论上的完善概念，实际的情况是一个受众可能同时跨界为几种类型，其身上

① 参见百度百科“等着我”词条，https：//baike.baidu.com/item/%E7%AD%89%E7%9D%80%E6%88%91/436590?fr=aladdin。

② 王兰柱，等：《中国电视节目评估：理论与实践》，中国传媒大学出版社，2007 年版，第 6 页。

③ 吴红雨：《解读电视受众：多元化需求与大众化电视》，浙江大学出版社，2009 年版，第 100~107 页。

的受众属性具有明显的复数特征，如城市青年女性群体，这就意味着电视机构对于目标受众的确立其实是一种相对主观的尝试。

2. 受众的心理需求

按照经典传播学理论，受众通常基于心绪转换（diversion）效用、人际关系（personal relations）效用、自我确认（personal identity）效用和环境监测（surveillance）效用等使用电视媒介。尽管上述概括并不能完全涵盖日新月异的媒介现实，但可以确定的是，受众的心理需求在电视节目生产中的“指挥棒”作用越来越显著。举凡那些收视率、受众忠诚度和满意度都高的电视节目无不是最大限度地满足了受众的各种心理诉求。比如中央电视台推出的文化情感类节目《朗读者》，以优美的文字传递朴实但却能打动人性的人生经历与情感故事，“节目旨在实现文化感染人，鼓舞人，教育人的传导作用，展现有血有肉的真实人物情感”[①]。该节目使受众获得了移情审美体验，最终呈现出了生命之美、文学之美和情感之美，这正好满足了受众通过收看电视节目转换心绪、实现自我确认等的内在心理需求。

当前，对受众心理需求研究的最大障碍其实来自脱离实际的主观推测和总结。“电视总是简单化、程式化地统一了某一种需求，这是大众传媒便于操作且风险最小而利润最高的一种做法。”[②]而迫于媒介间竞争的压力和收视率的胁迫，这种做法很难从根本上得到改变。“泛娱乐化”便是其中最为典型、也最具危害性的一种现象。尼尔·波兹曼在《娱乐至死·童年的消逝》一书中这样为“泛娱乐化”来“画像”：“我这里想说的不是电视的娱乐性，而是电视把娱乐本身变成了表现一切经历的形式。……我们的问题不在于电视为我们展示具有娱乐性的内容，而在于所有的内容都以娱乐化的方式表现出来，这就完全是另外一回事了。”[③]环顾当下中国的电

---

① 朗读者官方网站，http：//tv.cctv.com/lm/ldz/。

② 吴红雨：《解读电视受众：多元化需求与大众化电视》，浙江大学出版社，2009年版，第176页。

③ ［美］尼尔·波兹曼：《娱乐至死·童年的消逝》，章艳，吴燕莛，译，广西师范大学出版社，2009年版，第76页。

视生态，娱乐热潮几乎席卷了所有的电视节目生产场域。当然，在中国社会急遽转型的敏感时期，每一个社会成员势必都要承受前所未有的精神压力与困厄，日常选择娱乐节目不失为一种减压的方式。但是，当某些电视媒体有意误读或假意虚构了受众对于“娱乐”的本质需求，将“星”“性”“腥”无节制地充斥于电视节目中，并且把包括新闻信息在内的所有的一切都用娱乐的形式来表达的时候，受众的需求将被彻底架空和扭曲，受众被塑造成了“有惰性的”“智力低下的”“受本能支配”的“娱乐的俘虏”。这是在以利益为取向的商业社会里，我们所必须警惕的对于受众的心理需求最大的“暴政”。

3. 受众的收视偏好

承前所述，高学历的中产阶级受众在收看电视时常常被内疚感所笼罩，担心自己由于收看那些浅薄琐碎的电视节目而成瘾，因此他们对纪录片、深度报道和舆论监督节目的需求显然高于娱乐节目，有些知识分子还以收看娱乐节目为耻；而那些正在经历城镇化的农民，一方面需要在收看娱乐节目的过程中放松疲劳的精神和身体，另一方面也渴望通过电视新闻了解外面的世界；至于老人则是将对家人子女的陪伴诉求转嫁给了电视，电视在某种意义上成为老人最忠实的伴侣[①]。通常来说，不同的受众会基于对电视节目不同的主观评价而倾向选择和消费不同的电视节目，而人口统计属性和心理属性等都会在不同程度上影响这种收视行为偏好。

除此之外，地缘性的因素有时也会成为左右受众收视偏好的重要因素。这在文艺和文化类节目中表现得尤为突出。以央视《春节联欢晚会》为例，由于南北方地域文化和语言习惯的不同，部分南方受众对有浓郁北方生活特色和方言语调的语言节目不感兴趣，而一些地方戏曲也很难真正赢得全国受众的喝彩。正所谓“一方水土养一方人”，不同地区势必会形成和造就不同的文化心理和欣赏趣味，像河南电视台的《梨园春》把本地传统戏

---

① 吴红雨：《解读电视受众：多元化需求与大众化电视》，浙江大学出版社，2009 年版，第 100~107 页。

曲资源和电视艺术有机结合，吸引了不同年龄层次的戏曲爱好者们参加表演与活动，不仅成为河南卫视的一个名牌栏目，也成了外宣河南的一张精致的文化名片。再如，北京电视台的《这里是北京》节目着力介绍老北京的风土文化，节目以北京的“古人、古迹和我们”为线索，看新北京的时代变迁，寻老北京的文化根脉，展现北京独具的人文特质，深受热爱老北京文化的受众的喜爱。

第二节　品牌力：电视节目能否优化电视媒体形象

对时下产能已明显过剩的中国电视行业来说，生产多少电视节目已不再是重要的问题，生产多少品牌电视节目才是竞争制胜的关键所在。换句话说，当前中国电视节目的竞争层次早就跃升到了“品牌竞争”的层面。在全国电视节目总产量不断攀升的背景下，只有那些“品牌节目”才会脱颖而出，才有可能赢得受众的青睐，这既是残酷的媒介现实，又是合理的市场法则。

一、对电视节目品牌力概念的解析

那么，在今天中国纷繁的电视生态中，“品牌节目”究竟是凭借什么来号令收视市场、占据节目竞争的主动权呢？事实上，举凡成功的电视品牌节目内在都蕴含着不可抗拒的“品牌力”。作为知名度、美誉度和诚信度的有机统一，品牌力是“指消费者对某个品牌形成的概念对其购买决策的影响程度”[①]。如果从上述内涵来考量，我们不难发现“品牌力”在本质上先后作用了消费者的认知和行为两大层面。具体到电视品牌节目的“品牌力”来说，那些对品牌电视节目持有积极认知和肯定态度的受众必然会毫无保留地贡献出自己的注意力资源，而这正是电视节目交易市场上节目

① 参见百度百科“品牌力”词条，http：//baike.baidu.com/view/555794.htm。

生产者和广告商所十分乐见的。

从心理学的视角来看，电视节目品牌力着眼于受众的基础心理生成机制，试图根据某一电视节目输入和输出于受众的信息反馈，思考和判断下一步的收视选择。特别是当受众处于无意注意的收视状态的时候，品牌力强的电视节目会在遥控无序和无目的的搜索下迅速捕获受众。在这一信息加工的瞬间过程中，受众既有的关于节目品牌的“知识”显然会发挥巨大的作用。这些“知识”包括受众对某品牌节目发展历程的了解、受众与品牌节目的某种关联（比如参加过节目的录制）、受众曾经消费该品牌节目的各种经验与体验、受众搜集与整理的该品牌节目的口碑、该节目与同类节目的差异性所在，等等。可以说，正是在这些关于某节目“品牌力”知识的指导下，受众才有可能规避选择收看该品牌电视节目所隐含的消费风险，降低时间成本的耗费。

（一）电视节目的品牌力本质属性

1. 专业性

作为电视节目品牌力最基本、最核心的特性，“专业性”是指在策划、制作、播出环节，电视节目在选题策划、摄像镜头、剪辑制作、播音主持、舞美音响等方面表现出的专业水准情况。专业性是衡量电视节目品牌是否具有为同行所模仿和复制的、包括技术和艺术双重标准在内的重要指标，是影响中国电视全方位提升电视节目品牌力的重要保证。环顾全球电视业，几乎每一个知名的电视机构都有自己的节目制作专业标准，比如英国公共电视台 BBC 的新闻报道手册和美国全国广播公司 NBC 的体育节目制作手册。前者已经被公认为国际电视新闻报道领域从业者必读的“圣经”，而后者也被奉为电视体育转播的“金科玉律”。在资深的电视体育从业者看来，做到体育电视转播的专业化和规范化实为不易，一旦做到则意味着在全球范围内的影响力和权威性。“看意大利甲级联赛，不管图像信号来自罗马还是都灵，米兰还是巴里，热那亚还是帕多瓦，佛罗伦萨还是那不勒斯……

画面都是那么舒服、流畅，似乎你想看的正好是屏幕中出现的。什么时候用全景，什么时候慢速重放，有章有法，如出一辙。”究其原因，就在于欧洲一些国家电视台转播足球的主要人员（如导演、解说员等）是固定的，精通足球。反观我国，无论是导演、摄像还是解说，个个“全能”，也就个个都无法做到真正的“专业”[①]。

无独有偶，当今电视娱乐节目的知名品牌也都形成了自己专业化的生产流程和要求，并将此作为版权交易的重要内容一起打包卖给节目购买方，以确保原有品牌在扩散和传播过程中的质量和风格。比如从荷兰引进版权的《中国好声音》节目，就必须按照版权方的节目“圣经”严格配置硬件和软件。具体来说，“圣经”中规定的硬件内容包括：节目宗旨、拍摄手法、拍摄角度、拍摄操作流程、剪辑技巧、录制时间表、每天的工作计划、选手招募方式、乐队、受众的位置、LOGO 的颜色、大小、现场摄影机的位置和数量、灯位示意图乃至场地的选择等；而对于软件方面，诸如剧情规划、情境设计，版权方更是精益求精，比如“盲选听歌时，他们会要求导师的表情要让受众体会到他们的想法和感觉，对那英、刘欢、哈林和杨坤的肢体动作和配饰，也有一定的‘建议’”[②]。再如，东方卫视的《中国达人秀》高价购买了英国原版节目的制作宝典，并以严谨细致工业化生产流程的标准执行方方方面面的模式录制要求，除了在内容设计上对选手的 VCR 规定了“海量录制，精选播出”的原则外，英国版权方还对节目的制作理念和素材剪辑等有着系统精细的要求，希望在节目的叙事技巧和故事化演绎的逻辑上符合“剧情式”结构和整体思路。

总的来说，电视节目的专业性是维护其品牌力的基础和前提。成功的电视节目会在发展中逐渐形成自己稳定的技术和艺术指标，反过来这些指标又会以某种标准化的动力来约束和管理电视节目日后在时间和空间上的扩展和延伸。当然，专业性也并不排斥灵活性，特别是随着国际电视版权

---

① 师旭平：《廓除疑云——师旭平体育随笔选》，知识产权出版社，2013 年版，第 66 页。

② 《国外版权电视节目严格　那英光脚上台引不满》，《四川在线—华西都市报》2012 年 11 月 5 日。

交易的日益频繁，引进的电视节目务必要“落地生根”“入乡随俗”，此时的专业性主要用于保证电视节目宏观层面和中观层面的稳定，至于微观层面，电视节目可以适当做出某些本土化的调整，以适应受众文化心理和收视需求上的差异。

2. 文化性

一档电视节目要想形成自身强大的品牌力，除去上述分析的专业性之外，文化性也是其中的应有之义。在某种程度上，甚至可以说文化性是滋养电视节目品牌力最为隐秘也是最能吸引受众的节目属性。文化性，顾名思义是指电视节目所具有的相对稳定和统一的文化内涵和文化品位，文化性是电视节目品牌力的灵魂所在，也是电视节目生产者和观赏者文化趣味的集中体现。作为一种交往方式，受众可以在电视文化中获得彼此之间、自身与外部世界之间的相互了解和理解，并寻求某种生存的意义和方式。由此，电视节目一方面承担了为受众提供社会文化阐释符码的功能，另一方面也承担了照看受众精神家园的文化守望者的角色。换句话说，电视节目的文化性不仅训练和培养着受众的心智，同时不同的节目也会凭借各不相同的训练和培养方式而形成独特的文化理路和品牌标签。

反观我国各个省级卫视电视节目的文化性，我们不难发现“一方水土养一方电视”的规律和特色是如此显著，最典型的个案莫过于“电视湘军”与“湖湘文化”的彼此辉映了。时任湖南广播影视集团董事长的魏文彬在哈佛发表演讲时深入地阐释了一个远离政治经济文化中心的内陆省份是如何形成开放的、娱乐的、市民性的电视文化及“心忧天下，敢为人先”的文化内核的，“首要的原因便是湖南电视人敏锐地抓住了一个重大的先机，及时地为中国人提供了一种名叫‘快乐’的东西。在恰当的时候，率先改变观念，强化了传媒的娱乐功能，赶在许多同行之前，开始为中国人大批生产‘快乐’。正是湖南人不断地敢于自我否定，善于创新，充满勇气与激情的精神气质才成就了今天湖南电视文化的蓬勃气象”[①]。

① 魏文彬：《湖湘文化与湖南电视的文化根源（哈佛大学演讲稿）》，人民网，2007年4月17日，http：//media.people.com.cn/GB/40606/5623915.html。

当然，从中观的层面来看，即便是同一个电视播出平台，也会由于不同的内容和类型而导致电视频道间节目文化性呈现力度上的差异。比如，从受众的感受出发，央视纪录频道的节目通常会比综艺频道的节目显得更有“文化”，更显“格调”，题材和形态成了电视节目文化性生成的决定性因素。以央视纪录频道节目为例，成立至今，其品牌力正在为越来越多的受众所认可，那些堪称文化艺术精品的纪录片更是引发了收视热潮。比如在国内外引发广泛赞誉的纪录片《舌尖上的中国》，通过对美食精雕细琢的构图，犹如艺术品创作般的美食制作过程的呈现，对各地美食的渊源、美食文化和传承人的故事等的记述，全方位刻画了属于中国人的特色美食文化和与美食有关的仪式、节日、人际关系、伦理等方面的文化，帮受众从文化基因和文化传承的视角上思考中华美食文化超脱于生存之外的社会文化意义。在央视纪录频道播出的《我在故宫修文物》则讲述了文物修复师日复一日以高超的技艺修缮了一件件珍稀传世文物，从细节中透视故宫文化和匠人精神。

事实上，由于现代社会中文化类型的多样和复杂，人们其实很难用统一的标准来衡量电视节目品牌力文化性的有无、强弱、雅俗。毕竟在一个已逐渐消弭了精英文化和大众文化之间界限的媒体文化背景下，所谓“阳春白雪”与“下里巴人”的简单分野并不足以从根本上概括整个电视文化格局。可以说，以往行之有效的各种文化划分标准在当今大众传播的现实情境中几乎失去了存在的依据。不同类型的文化也会存在着交融与碰撞，电视文化的传播与扩散最为明智可行和有价值的路径是在国际、国内电视文化的相互交流和融会贯通中，对电视节目文化性的格调和趣味予以客观的比较和评判，以涵养电视受众的整体欣赏素养。

3. 延伸性

作为一种资产管理和品牌营销的重要手段，电视节目的品牌延伸（brand extension）是指“企业利用顾客‘爱屋及乌’的心理机制，通过已有品牌推出新产品或进入新业务领域，以期达到节约营销成本和提高新产品或新业务被市场接受程度的策略”[①]。在媒介实践中，作为无形的精神文化产品，电视节目品牌的延伸尽管不必过多考虑地域限制，但必须以节目本身的良好信誉为前提，没有公信力和美誉度作延伸的基石，一切节目品牌的延伸都只能是“无源之水”“无本之木”。

电视节目的品牌延伸不仅可以提升母版节目的影响力，以规模求收视、以系列谋发展，而且还能动态性地多次开发利用原有节目品牌资产，扩大受众范围，优化节目形象。但总的来看，目前中国国内电视节目品牌的延伸更多的是局限在电视制作领域，跨界寻求电视节目上下游开发的还不多见。对于前者这种基于电视节目的横向延伸，有学者概括为四种模式，分别是“以原有节目品牌为核心推出类似自办节目 / 打造子品牌，形成栏目集群”“在原有品牌节目某一子栏目基础上重新设计打造出新栏目”“品牌节目的板块化扩展，衍生出同一品牌系列节目”“品牌节目突破常规播出形态以外的特殊编排”[②]。比如，北京电视台科教频道就打造出了以“非常”为共同品牌的系列节目，有《非常记忆》《非常接触》《非常向上》《非常往事》等，其中的《非常说名》用访谈形式说的是名人故事和历史名人，《非常父母》《非常夫妻》探讨家庭和谐关系。这些节目在包装、主持人配备、节目形态、文化品位上都不乏个性而又兼具比较统一的风格，很好地实现了品牌延伸的战略。

但是，需要指出的是，电视节目的品牌延伸并不是随心所欲的，利用已有成功品牌的声誉和影响力孵化出改良产品或新产品不仅要承担市场风险、经受受众检验，而且还要精确把握原有品牌的定位、特色与个性，使之与原有的品牌形象保持一致。在这方面，迪士尼集团独特的盈利模式——“轮次收入模式”，也称“利润乘数模式”极富启发性。在“娱乐循环”经济模式下，迪士尼将一个个动画 IP 不断地延伸，除了在传媒行业大展拳

---

① 范秀成，高琳：《基于品牌识别的品牌延伸》，《天津大学学报（社会科学版）》2002 年第 4 期。

② 周欣欣：《试论电视节目品牌延伸》，《收视中国》2011 年第 12 期，http://www.csm.com.cn/index.php/knowledge/showArticle/ktid/1/kaid/708.html。

脚外，还扩展出各种主题式娱乐项目，比如老少皆宜的公园、游乐场等，并通过特许经营和品牌授权等，将迪士尼的品牌渗透到大众消费的纪念品、生活用品等。今天，迪士尼的品牌在横向与纵向上几乎延伸到了与之相关、相似和相邻的每一个领域，成功地实现了品牌效益的几何规模的扩张。从经济学的角度来看，“产品的价值链条越长，拉动的相关产业越多，创造出的社会财富就越多”①。在文化产业大发展的时代背景下，电视节目品牌的延伸之路正逢其时，利用具有广泛影响力的电视节目品牌拓展电视文化产业的生存半径，势必会提高电视文化产业的整体实力和竞争力。

（二）成就电视节目品牌力的价值基点

事实上，电视节目的品牌力并不是凭空出现的，也不完全凝结和取决于代表品牌的“一个名字、名词、符号或设计，或是上述的总和”②，其力量的成就与彰显主要在于包括功能价值、情感价值和自我表达价值在内的三大价值基点。“功能价值”是指电视节目品牌对自身及所在的频道、媒介组织等产生的涉及传播、经济和社会的实际效用；“情感价值”是指受众在电视节目品牌收视体验中所获得的心理依赖、情绪宣泄和精神慰藉；而“自我表达价值”则是指电视节目品牌将自身提炼为呈现受众独特的个人身份、地位、阶层、审美品位等特征的载体和介质。而一旦电视节目品牌无法打造和开发出上述三大价值基点，其必将缺乏达成“自我推销”理想境界的内驱力，也就无法长期有效地实现对受众的吸引。

1. 功能价值

作为基础价值，电视节目品牌力的功能价值追求的无外乎是节目的“三好”，即在传播层面要“创意好”、在社会层面要“立意好”以及在经济层面要“效益好”（如图 1-2 所示）。从某种程度上说，这“三好”几乎囊括了电视媒体对品牌节目管理的最核心目标指向，“三好”电视节目品牌

① 魏永刚，张小争，韩晓宁：《电视节目运营——塑造传媒品牌九项要点》，中国传媒大学出版社，2010 年版，第 19 页。

② 洪丽娟：《媒体品牌管理》，中国广播电视出版社，2012 年版，第 6 页。

所蕴含的对受众的吸引力在媒介实践中屡屡得到印证。近几年，央视越来越接地气，也越来越有拿得出手、镇得住“场子”的爆款文化综艺节目出现。从《中国诗词大会》的诗词会友，《朗读者》的人生对话，到《国家宝藏》的礼乐重器，再到《经典咏流传》的“和诗以歌”……央视以“文以载道”的社会使命感打造的系列文化类综艺节目的精品化的品牌战略已经初见成效，为央视这一国家电视品牌不断增添着含金量。受众在收看文化类综艺节目的过程中，更容易从文化艺术的内容上找到中华文脉同根同源的实证，不仅在知识层面提升了眼界和学识，还能从思想上获得文化认同感。

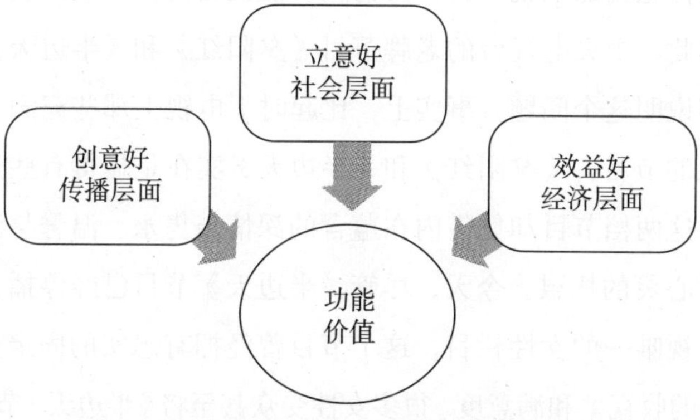

图 1-2　电视节目品牌力的功能价值构成图

然而在此需要强调指出的是，电视媒体在追求节目品牌功能价值的“三好”表现，特别是商业成功和经济效益的同时，也要努力扶持和帮助那些“叫好不叫座”的电视节目坚持下来，使之能够成长为具有强大“精神品牌”价值的节目。毕竟在我国，包括电视在内的大众传媒必须承担起媒体的社会责任，统筹兼顾好社会效益与经济效益，力争寻找到两者的平衡点。尤其在当下中国社会转型的关键时期，急需优秀的大众文化产品对整个社会的精神价值缺失和信仰重建给予干预和启迪。但令人失望的是，很多为受众所喜爱的电视节目最终都沦为了“收视率至上”的牺牲品，比如山东卫视曾经购买了英国 ITV 电视台节目 *Surprise*，*Surprise* 的中国独家播出版权，打造了援助类公益栏目《惊喜！惊喜》，该节目给受助者意外的惊喜，播出期间30余对离散家庭团圆，200多个普通受众得到各种形式的帮扶。然而，就是这样一档具有高度的人文关怀，倡导“善良”“善意”情感回馈的公益电视节目却最终难逃被停播的命运，这显然是非常令受众痛心的。

2. 情感价值

承上所述，停播公益类节目的做法无疑已经伤害到了好不容易培养起来的受众对电视媒体和节目品牌的感情，进而也失掉了受众赋予节目的最可宝贵的情感价值。从某种程度上讲，电视节目品牌力中的情感价值与受众对于节目的忠诚度是紧密相关的，越是能让受众获得较多心理依赖、情绪宣泄和精神慰藉的电视节目，其情感价值就越高，受众回馈的忠诚度也就越强。在此，中央电视台的老牌节目《夕阳红》和《半边天》曾经的辉煌特别能够说明这个问题。事实上，比起时下电视上那些充满了娱乐元素和商业气息的节目，《夕阳红》和《半边天》实在是显得有些过于质朴和安静了，但这两档节目却凭借内在蕴含的深情与隽永、温馨与温暖给很多受众带去了心灵的抚慰。今天，尽管《半边天》节目已经停播，但作为国内最早、央视唯一的女性栏目，这个节目曾经拥有忠实的固定受众群，长期保持较高的收视率和满意度。很多女性受众甚至将《半边天》节目视为“伙伴”和“知音”，该节目策划的“三八”晚会更是一度为中国女性话语发出了来自媒体的最强音。而《夕阳红》节目则是将这种品牌节目特有的与受众之间的脉脉深情一直延续了20多年，其主持人陈志峰、黄薇和张悦更是家喻户晓，深受老年受众的喜爱。

环顾当下中国电视节目的生态环境，颇有一种“你方唱罢我登场”的时代紧迫感，节目迫于竞争压力频频改版升级、推陈出新，受众也在这种文化产品生产的焦虑中越来越挑剔、越来越缺乏耐心。而这种急切也最终导致了电视节目品牌与受众之间无法培养出深厚的情感依赖，进而影响到节目品牌力情感价值生成的完整性。事实上，急功近利的收视赛跑对电视媒介的可持续发展是一种最可怕的病症，它将给原本就已被打上“快餐文化”或者干脆是“没文化”标签的电视以更难以消除的传播桎梏，使电视受众的流失成为难以遏制的趋势。由此，中国的品牌电视节目也必须静下心来，与受众建立起更为持久和深厚的收视情感，努力打造出“常青树节目”，这才是真正的创新、真正的以影响力赢得受众的明智之举和长远之策。

3. 自我表达价值

除去上述的功能价值和情感价值之外，电视节目品牌力还具有为受众提供“自我表达”载体和机会的价值，而毋庸置疑，不同身份、地位、阶层和审美品位的受众所寻求和期待的自我表达内容及介质必定充满差异。当然这也从品牌力的角度印证了经典的“使用与满足”理论。电视节目赋予受众主体地位，通过各种形式深入基层，了解他们的所思所想，鼓励他们为自己发声，讲述自己的真实感受和思想。随着受众对其美誉度的提高，也不断地塑造着节目的品牌形象。事实上，从宏观和中观的角度来看，电视媒体的定位和频道的细分基本上呼应了某一类型受众进行自我表达的需要，而微观层面上的电视节目则是以各种具体的样式努力丰富着受众进行自我表达的风格和基调，其中一些综艺节目可谓具有典型意义和代表性的节目样态了。比如，中央电视台综艺频道的《星光大道》节目开播以来，坚持做百姓的舞台，让普通人有机会一展歌喉，用歌声和互动表达出对家乡对生活的热爱，从而实现自我。尽管有“阳春白雪”派受众对此不屑一顾，但“草根气质”与“自娱自乐”在电视荧屏上的融合的确在事实上为《星光大道》积累了超高的人气和品牌力。

从某种程度上说，受众是否乐于和竞相在节目中充分地、完全地、投入地进行自我表达，是衡量电视节目品牌力强弱的一个生动指标，也是考察电视节目互动性与开放性的重要维度。如果一档电视节目只顾自说自话，姿态高傲、架子十足，那么在受众主体意识越来越强的今天，其节目的发展空间势必越来越狭小。随着当代电视受众媒介素养的日益提升和受众自主精神的不断加强，未来电视节目品牌必然要对受众的自我表达需求给予高度的重视，任何忽视和取消受众话语权的行为都将造成节目品牌力的下降。

二、品牌力指标与电视节目影响力评价体系

（一）将品牌力指标纳入电视节目影响力评价体系的意义

将“电视节目”当作真正意义上的“文化产品”或者“消费品”，引入“品牌力”这一市场特色鲜明的指标来评价电视节目是长效涵养电视节目影响力的正确路径。电视节目的品牌力对受众选择收视起到了非常重要的作用，当节目凭借创作个性和品质赢得了受众认可之后，受众就会对其品牌产生心理简化和固化，在普通受众眼中，只要是该节目品牌便会带给自己某种收视需求的满足而无须再与其他同类节目比较，此时电视节目的品牌力量便宣告形成。当然，只有那些同时赢得了收视率和满意度的电视节目才会获得品牌力。

（二）与品牌力有关的评价要素

在竞争激烈的媒介实践中，业界通常使用收视份额和利润率来衡量电视节目的“内在实力及其在市场上取胜并获利的能力”[①]，这两大指标共同决定了一档电视节目在荧屏上的停留时间和受青睐的程度。事实上，历经多年的发展，中国电视产业的资本化生存和产业化经营的时代已经悄然来临，任何原创和引进节目都存在着巨大的投资风险和品牌确立、维护的市场风险，特别是在中国电视节目的创作和生产几近饱和的现实背景下，如何在电视节目市场中脱颖而出、占据一席之地，并获取超额利润是摆在电视节目管理和经营者面前的重大课题。

1. 电视节目品牌的收视份额（或称市场占有率）

自2010年始，尽管全国的电视受众规模呈现低幅上涨的态势或保持基本稳定，但全国大部分地区受众的人均每日收视时间却一直处于递减的状态，而这种下降又以青少年群体最为典型和显著。这也就意味着，在当前

① 张晓堂：《品牌竞争策略》，中央广播电视大学出版社，2008年版，第18页。

新旧媒体竞争的多种选择面前，能够“忠心耿耿”地守在电视机前的受众越来越稀缺。在这样窘迫的情势之下，精确、直观地了解某一节目对受众的占有情况，就成为电视媒体估量自身在收视市场中的竞争力的最有效的途径，目前学界和业界更为普遍认可的指标为“收视份额”，或者称为“市场占有率”。

那么收视份额与收视率之间究竟有何区别呢？首先来看下面的公式：收视率 = 观看某一节目的受众数 / 该地区的总人口，而收视份额 = 观看某一节目的受众数 / 该地区在同一时段打开电视机受众的总人数。由此可知，“收视率反映的是受众收视总量的问题，表明‘蛋糕有多大’；收视份额反映的是频道（节目）之于受众的收视竞争问题，表明‘蛋糕怎样分’”。[①] 目前国内电视节目收视率和市场份额双双下跌，节目做大做强都不容易。同时双指标集中趋向于头部节目和头部频道。可以说，在某种程度上，收视份额的大小对节目品牌、媒体品牌的形成和分化起着至关重要的作用。作为一种数据呈现，收视份额向哪一个电视节目集中，通常就说明该节目较之其他同类、同质节目拥有更高的竞争力和受众忠诚度，代表了受众的一种态度指向、情感依存和心理归属，并预示着该节目在未来将会形成的影响力。

2. 电视节目品牌的利润率

除了收视份额，衡量电视节目品牌力的还有“利润率”。这里所说的利润率“不是一般的或平均的利润率，而应是高于同行业平均利润水平的利润率”，因为“只有超出行业平均利润率水平的超额利润部分，才能体现出品牌的竞争力”[②]。换句话说，一档电视节目超出同类节目平均利润率的幅度越大，产生的超额利润就越多，其品牌力就越强。在今天日益激烈的电视节目竞争中，电视节目的成本控制、编排效益、定位策略、资源利

① 宋文娟：《收视份额：能够被批判的“收视率”？》，人民网，2006 年 11 月 6 日，http://media.people.com.cn/GB/40628/5002819.html。

② 张晓堂：《品牌竞争策略》，中央广播电视大学出版社，2008 年版，第 19 页。

用效率等都将对利润率产生重要的影响，有时一档节目能否为制作方和电视台赚个盆满钵满，简直就如同一场风险难测的博弈。特别是那些花费巨资从国外引进版权的热门节目，既有成功赚取超额利润的典型个案，也有相当一部分血本无归。以《中国好声音》节目为例，作为一档名副其实的制播分离的电视节目，该节目在制作之初播出费用打包售价高达8000万元，加上预估与之匹配的推广费用，在广告投资风险系数较高的情况下，节目承制方的灿星制作与包括北京卫视在内的若干卫视进行了洽谈，但最终还是花落浙江卫视。当然随着收视率的不断上升，电视节目品牌会为制作机构和媒体创造惊人的品牌价值。

三、电视节目品牌力的主要研究维度

“从文化的角度看，电视节目的品牌是电视文化的象征和代表；从市场的角度看，它是电视产业的拳头产品；从受众角度说，它是受众心目中值得信赖、能给自己带来较大收益的消费对象”[①]，而上述正是电视节目的品牌价值所在。基于品牌价值为评价标准和运营目标的电视节目，势必应以“精品”姿态示人，势必应当通过准确的品牌定位、良好的品牌美誉度提升、高效的品牌传播来赢得受众的青睐。

作为电视频道的最小单位，所有的电视节目都要在当下激烈的品牌竞争中谋得战略上和战术上的突围，不仅要在电视节目的形态、内容、包装等“物的层面”上努力提升自身的品牌价值，更要关注节目的策划、主持和营销等主要由“人”来主导的品牌价值建设。如果说电视节目物化竞争的可为空间是有限的，那么电视节目的人力竞争则是潜力无穷的。从某种意义上来说，电视节目品牌价值博弈的最终制胜法宝就在于“电视人”。

除此之外，电视节目的品牌价值并非永恒不变，随着电视传播的内外部环境的运动，其随时面临着“增值”的契机与“贬值”的危险。对于前者，

① 张君昌，吕鹏：《品牌是广电栏目发展的必需——2004中国广播电视品牌栏目年度报告》，《视听界》2005年第2期。

电视从业者显然应当积极把握好竞争制胜的各种机遇，推动电视节目品牌附加值的持续生成，而对于后者，则应当审慎矫正和处理品牌出现的各种问题，从而最大限度地消除品牌价值的负资产。

（一）电视节目主持人的品牌价值

在电视节目主持人中，主持人可以融洽节目中的嘉宾关系，拉近舞台上的表演者与受众的情感距离，可以传播节目的价值理念，诠释节目的人格化特征，其言谈举止关乎节目的形象。在众多成功的电视节目品牌建立的生动个案中，主持人常常被视为节目宣传推广中重要的品牌符号，主持人品牌价值升值后又能为节目带来高人气和热度，主持人品牌与节目品牌间的互动关系值得学界和业界进行深入的研究。事实上，当前我国已经有越来越多的电视节目的品牌价值与主持人自身的品牌价值捆绑在一起，甚至到了“一损俱损，一荣俱荣”的依赖程度。从某种程度上说，电视节目主持人应当与所归属的节目之间保持一种相宜、相益、相生的关系，即两者之间要做到彼此适应、彼此促进、彼此成全。唯有如此，方能使主持人的品牌价值与节目的品牌价值实现“双赢”，由此成功抵御每一档电视节目都不可避免的“衰退”。

（二）电视节目品牌的附加值

作为一种识别标志和精神象征，“品牌带来的附加值往往超过产品本身。在国际上，占世界市场10%的知名品牌占据着近60%的市场份额。品牌以其背后蕴含的科技、质量、经济、文化、道德乃至宗教等因素，获得了消费者的认可。”[①] 对于电视节目品牌来说，其附加值主要集中产生于经济领域和文化领域。比如，湖南卫视的多档娱乐节目品牌都为其带来了非常可观的广告创收。有关电视节目品牌的线下活动人气爆棚，粉丝的关注度和忠诚度较高，通过节目品牌导流的广告品牌的消费量较大。特别是随

① 支庭荣，等：《电视与新媒体品牌经营》，中国人民大学出版社，2007年版，第203页。

着湖南卫视“芒果台”的品牌日益深入人心，已经形成了极具特色的以“最具活力的中国电视娱乐品牌”为标签的电视文化现象。

（三）电视节目品牌的负价值

与普通商品的品牌一样，电视节目的品牌也具有易碎性。电视节目的品牌的负价值往往是因为各种不良的现象和因素带来的，比如节目品质的持续下降，有意或无意中传播的虚假信息，作为嘉宾或主持人的公众人物形象因为各种品行失德及违法行为造成的节目品牌损害，节目危机公关事件处理不当造成的负面舆情的扩散等。如果一档电视节目缺少“自我校正”与“自我纠错”的能力，那么其品牌就会由于不断累积的“负资产”而陷入价值缩水的尴尬境地，甚至会质变成节目的负品牌。那么如何才能消除和减少电视节目品牌的负资产呢？首先，电视媒体要高度重视和科学使用节目评价体系，通过缜密的专业评估与及时的各方反馈，迅速锁定节目当前面临的各种问题，并积极着手加以改进。其次，电视媒体要善于运用“印象管理”的方法来减少节目品牌的负资产。“印象管理指人们试图控制他人对自己所形成的印象的过程。”[①]电视节目应努力消除自身品牌的负资产，通过增强积极印象的“获得性印象管理”，弱化消极印象的“保护性印象管理”重新获得受众的肯定。

第三节　引导力：电视节目能否正确引导受众和社会

对于电视节目影响力评价体系来说，“引导力”犹如方向和旗帜，对吸引力、品牌力、市场力和融合力起着匡正和定位的重要作用。再能吸引受众、再具有强大品牌和市场号召、具备广阔融合潜质的电视节目，一旦

① 刘娟娟：《印象管理及其相关研究述评》，《心理科学进展》2006年第2期。

出现导向错误，那么影响力评价体系都将对其实施一票否决。可以说，电视节目引导力的存在，不仅为电视节目生产和营销的整个媒介生态提供了“底线”，也为电视行业的激烈竞争注入了“价值取向”。在本质上，电视节目的引导力指标不是盈利指标，也非业务指标，而是“良心”指标，能否将引导力构建好，决定了中国电视媒体未来能否实现可持续发展。

一、对电视节目引导力概念的解析

从某种意义上说，电视节目的“引导力”是指电视节目所具备的对受众进行正确的舆论引导、思想引导、价值引导、行为引导、文化引导等的素质。在电视节目影响力评价体系中强调“引导力”指标，充分显示了我国电视媒体所具有的“坚持把社会效益放在首位，努力实现社会效益与经济效益的统一”的媒介属性和媒介品格。环顾当前我国复杂的媒介生态，电视媒介迫切需要通过加强引导力来实现自身更为良性的生存、繁荣和发展。

（一）特定的媒介生态呼唤提升电视节目引导力

1. 社会转型期的严峻现实

当前，我国正处于一个社会转型期，一些发展矛盾和心理文化的冲突也不断凸显，“而作为受众的大众又显然身处困境：一方面他们每天必须源源不断地接收令他们身心‘不适应’的媒介信息，同时又在不断寻求新的信息来协调和平衡内心的不适感。从系统论的角度，一个认知失调的社会系统也是一个群体性事件频发的社会系统，是极不稳定的系统。”[①] 面对这样严峻的社会现实，包括电视在内的大众传媒必须在内容生产上保持清醒的认识，防止不良信息、错误信息对受众造成的刺激和误导。电视节目影响力评价体系也更需要立足于此，下决心以自身的引导之力维护社会的和谐与稳定。

---

① 王晓雷，贾举：《略论大众传媒提升舆论引导力的三个维度——基于接受分析的社会认知论观照》，《东南传播》2009 年第 11 期。

2. 媒体过度追求经济效益

“社会效益与经济效益之间的关系问题”始终是大众传媒所面临的敏感问题。环顾当下的媒介现实，还存在不少以收视率和收益论成败的电视节目制作项目，而末位淘汰制的压力也多来自经济效益挂钩的成本核算和回报效益指标。媒体更多的比拼广告赞助的数量和总额，流量明星成为媒体争抢的资源。尽管一系列规范政策的出台一定程度上遏制了高片酬高成本大片化制作节目的习惯，但在明星流量比拼的节目制作中，个别媒体还是不甘于下风，试图用话题引导的方式迎合着网友们的所谓喜好。这对于舆情的正面引导和社会风气的扭转来说，上述情况是学界和业界必须正视也是亟待解决的，否则电视节目的质量则无法保证，受众真正的收视需求也无从满足。在电视节目影响力的评价框架内，引导力指标在调整社会效益与经济效益的矛盾方面尽管不具备强制力，但却能够起到“导航”和“引路”的积极作用，以防个别电视机构在单纯追求经济效益的路上越滑越远。

3. 媒体过度娱乐化倾向严重

近十年来国内电视媒体的过度娱乐化倾向有着阶段性的特征。有段时间继一些省级卫视相亲节目在电视荧屏上公然“炫富”“拜金”，情感类节目将嘉宾隐私当成博得受众眼球的“重口味”的噱头等挑战社会价值底线的现象出现之后，“新闻类、文化类节目也出现了过度娱乐化倾向，如在新闻类节目中，以娱乐的心态加入了一些视听元素；在访谈类节目中，以窥探、猎奇的心态挖掘边缘观点、雷人语言、名人隐私进行炒作；在文化类节目中过度摆拍等”①。目前阶段，还存在明星主体的电视综艺节目占据较大的比重，市场对偶像经济和粉丝经济的过度开发等现象。这种过度娱乐化的倾向在根本上损害了电视节目内在的文化品质，使电视节目在“娱人”的同时也最终导致了“愚人”和“误人”的传播“恶果”。国家新闻出版广电总局陆续有针对性地发布相关的媒体监管和节目调整的通知也表

① 《文艺理论专家：抵制黄金时段电视节目过度娱乐化》，新华网，2011 年 9 月 26 日，http：//news.xinhuanet.com/society/2011-09/26/c_131161002.htm。

明了立场与态度。电视节目影响力的评价体系必须通过设置“引导力”的指标来确保荧屏的洁净，确保电视受众收看到有益于身心的电视节目。

4. 受众媒介素养参差不齐

当然，电视节目对于引导力的建设与提升也是出于对广大电视受众参差不齐的媒介素养的现实考量。事实上，我国电视业的发展时间不长，受众的素养总体上呈现出了多样性、偶发性和零散性等特征。一方面，部分受众对电视镜头语言与电视制作的不够熟悉，导致参与到电视节目内容中的机会较少；另一方面，一些受众媒介素养不高，在前台匿名的社交媒体中往往缺少了独立判断和审查能力，偏听偏信，甚至成为不良信息与负面舆情的主动传播者。作为一种重要的社会和文化传播工具，电视媒体有责任、有义务通过有操守的、专业化的节目生产来帮助受众增加媒介知识、提高品位和格调、提升认识、鉴赏和批评媒介的能力。

（二）自律与他律双重视角下的电视节目引导力生成

1. 自律视角

电视节目引导力的生成首先依赖于媒介组织的“自我评价”、“自我反省”和“自我约束”。在涉及策划、采制、编播等多种复杂环节的电视节目生成流程中，如果电视机构和相关从业人员缺失职业道德和社会责任感，那么将会直接导致电视节目对受众思想和行为的不良影响。当然，电视媒介基于自律视角的引导能力建构并不是一蹴而就的事情，需要一个循序渐进的摸索过程。

事实上，中央电视台在寻求自我引导的道路上也的确经历了多个不同阶段和不同理念的探索。2002 年 9 月开始推行的“栏目警示及末尾淘汰制”，可以说直接导致了包括《读书时间》（2004 年）等在内的具有较高文化品质但又处于收视“弱势”地位的电视节目的寿终正寝。2005 年，央视在反思饱受争议的“末位淘汰制”的基础上，“强调倡导先进文化、构建和谐社会为己任”，提出了“绿色收视率”的概念。据 2005 年上半年央视市场研究股份有限公司的统计数据显示，在12个全国收视份额超过1%的频道中，中央电视台占据9席。与此同时，受众对央视各频道的满意程度均在80分以上，在全国卫视频道中，央视包揽了频道满意度的前十名[①]，并最终成就了以《百家讲坛》为代表的电视文化精品节目的异军突起，实现了收视率的科学、健康、协调和可持续发展。

历史地看，中央电视台曾经在2011年7月实施栏目综合评价体系，这套体系去除了非议颇多的成本指标，重在对于栏目的激励，重视节目的引导作用和从多个角度评价市场效果，一定程度上改变了收视率一枝独秀的局面。无独有偶，上海东方卫视也提出了“有价值观的收视率才是真正有价值的收视率”的极富启发意义的电视节目理念。

2. 他律视角

对于大众传媒来说，仅靠“自律”有时并不能完全能够保证其媒介生产具备持续良好的引导力，此时来自行业组织或相关主管部门的“他律”就显得尤为重要了。但是与国外相比，我国的电视行业组织在引导媒介行为方面的实际作用并不突出，中共中央宣传部和国家新闻出版广电总局在制定、颁布电视行业的“他律”方面影响力巨大。

2018年，鉴于火热起来的偶像养成类节目乱象不止，粉丝为偶像的集资活动有黑幕操作和资金流向不明的社会质疑，为了炒作人气剑走偏锋尝试一些负面宣传手段，违背了社会主义核心价值观，国家新闻出版广电总局对相关节目的监管力度在不断加强，以做回顾和警示。2018年7月，《国家广播电视总局办公厅关于做好暑期网络视听节目播出工作的通知》即“广电办发〔2018〕44号”文提出，偶像养成、才艺竞秀类节目要严格评估方可播出。对于偶像养成类节目、社会广泛参与选拔的歌唱才艺竞秀类节目，各省级广电行政部门要组织专家从主题立意、价值导向、思想内涵、环节设置等方面进行严格评估，确保节目导向正确、内容健康向上方可播出，

① 《央视打造绿色收视率　避免单纯追求经济效益》，《北京晚报》2005年11月8日，http：//news.sina.com.cn/c/2005-11-08/16517391456s.shtml。

坚决遏止节目过度娱乐化和宣扬拜金享乐、急功近利等错误倾向，努力共同营造暑期健康清朗的网络视听环境[①]。

总而言之，电视台应该把握好六个底线，即政治底线、政策底线、法律法规底线、伦理道德底线、民族宗教底线和品位格调底线，以此来抵制低俗、庸俗、媚俗现象的出现，整治荧屏上的过度娱乐化[②]。这无疑为电视节目打造引导力明确了方向和路径。一个时期以来，尽管各方对国家新闻出版广电总局的"他律"作为有着各种评价，但客观上来说，包括"限娱令"在内的一系列举措确实起到了净化荧屏的作用。今后，机构调整之后的国家新闻出版广电总局可以在"宏观战略"上更多、更好地发挥引导职能，而对微观层面的广电业务上可在把关总方向的前提下适当转换管理方式。

二、引导力指标与电视节目影响力评价体系

（一）将引导力指标纳入电视节目影响力评价体系的意义

从总体来看，引导力指标是对吸引力、品牌力、市场力和融合力四种指标的调控和平衡，当受众需求和市场需求对电视节目的制播造成负面影响的时候，引导力便能及时地予以制止和干预，从而保证电视媒介生态的健康运转。缺乏引导功能的电视节目影响力不仅不会产生激发受众向真、向善、向美的正能量，还会导致整个社会生态的恶化，将人心引入更加缺乏文化修养、审美品位和道德教化的"歧途"。具体来说，引导力将在以下三个方面产生积极的影响。

1. 有助于强化电视媒介组织的社会责任感

北京大学视听传播研究中心主任、博士生导师陆地教授曾在《视听媒体的"一分为三"现象解读》的演讲中指出："传统广电未来发展的目标只

① 参见国家新闻出版广电总局网站，2018 年 7 月 10 日，http：//www.sapprft.gov.cn/sapprft/contents/6588/382234.shtml。

② 《整治过度娱乐化：东方卫视举行"责任与梦想"研讨会》，《新民晚报》2011 年 11 月 9 日，http：//culture.gmw.cn/2011-12/09/content_3145309.htm。

有一个，即做一个强大的、负责任的文化媒体。能否实现这一目标取决于三个体系建设，即：政治文化产品服务体系建设，公共文化产品服务体系建设，商业文化产品服务体系建设。”[①]上述观点其实帮我们捋清了电视媒介组织身上所承担的三大社会责任，而这也正是电视引导力施加影响的三大领域。但无论是服务于政治文化、公共文化还是商业文化，电视媒体都应当不断反省自己的传播活动——“为了谁”“依靠谁”“我是谁”。而具体到电视节目影响力评价体系的语境里，“为了谁”其实是提醒电视媒体要“一切为了群众、真心服务群众，引导动员群众为实现自己的利益而奋斗”；“依靠谁”则提醒电视媒体要“从群众中来、到群众中去，把群众的伟大实践作为工作的动力源泉”；“我是谁”提醒电视媒体要“视群众为亲人、把群众当主人，始终摆正同人民群众的关系”[②]。

2. 有助于提升电视节目的文化品位和格调

将引导力引入电视节目影响力的评价体系，还有助于提升电视节目的文化品位和格调。毋庸置疑，作为一种大众媒介，电视文化显然应当属于大众文化。而尼尔·波兹曼曾经对电视在大众文化裹挟下将“所有的内容都以娱乐的方式表现出来”“娱乐是电视上所有话语的超意识形态”等现象表达了极大的忧虑。事实上，电视的大众文化属性绝非一定意味着“娱乐至死”，也并非天然导致“庸俗”、“低俗”和“媚俗”等倾向的出现。当前电视节目中充斥着的种种“文化吊诡”与“泛娱乐化”的问题，从根本上说是与电视从业者及其观赏者自身素养和思想文化水平密切相关的。为此，将引导力指标纳入电视节目的评价体系将有效避免电视媒体对受众，特别是青少年受众世界观、人生观和价值观造成负面影响。2018 年，共青

① 《“媒介融合时代广电新模式”高峰论坛在新疆召开》，中国广播网，2011 年 9 月 25 日，http：//xj.cnr.cn/btfw/2011btfw/jjbt/jjbt/201109/t20110925_508545999.shtml。

② 刘云山：《为了谁　依靠谁　我是谁——关于贯彻党的群众路线的几点思考》，《求是》2011 年 8 月 15 日，http：//politics.people.com.cn/GB/1026/15419592.html。

团中央、新华网、中国妇女报、紫光阁等权威机构与媒体相继发文批评《中国有嘻哈》中 PG ONE 的《圣诞夜》歌词粗俗，涉嫌教唆青少年吸毒以及侮辱妇女。人民日报公众号也发文，指出这首歌集中的问题表现："无筋骨、缺道德、没温度，注定唱不到大众心里，更经不起时间检验。"[①] 从这个角度来看，将引导力引入电视节目的评价体系，无疑能够净化荧屏，为受众营造清明的视听环境。

3. 有助于培育和涵化电视受众的整体素养

事实上，电视节目的引导力建设对于电视受众的福祉最为显著。内容健康、导向正确、品位隽永的电视节目不仅能使受众受到良好的教化与熏陶，更能使其对电视媒体产生信任感，从而使传受双方形成互为依托的良性循环关系，最终建立起积极的收看模式。从某种意义上说，电视媒体如何建构和整饬自己在受众心目中形象的过程，就是培育和涵化受众整体素养的过程。"低水平满足"的电视节目必然导致"低水平欣赏"的电视受众，电视媒体必须努力加强自身的引导能力，受众在接触、解读、使用媒介方面的素质和修养才能得到不断的提升。从另外的角度来看，我国电视媒体的传播渠道均系占用社会资源，因而受众对电视节目内容和播出方式天然地享有话语权，那些缺乏诚意、功利目的明显的节目理应被叫停。

（二）与引导力有关的评价要素

电视节目的引导力并非抽象的概念，而是可以通过思想性、大局观念、责任意识和人文关怀四个方面来加以理解。在我国，电视媒体作为主流舆论的引导阵地，既联系着党和政府，又联系着广大人民群众，因此如何发挥自身的媒介引导职能就显得尤为重要。

1. 思想观念

对于电视节目来说，传播正确的思想观念是构成引导力的基础所在，其不仅要体现社会主义核心价值体系的建设要求，更要能够在日常传播活

① 《PG ONE 的这首歌曲疑似教唆吸毒，虽道歉且下架，可情况并不那么简单》，人民日报公众号，2018 年 1 月 7 日。

动中向受众自觉宣传正确的世界观、人生观、价值观。可以说，一档引导力强的电视节目不仅可以起到弘扬社会正气、传承优秀传统文化的作用，还能倡导科学思想、促进社会和谐稳定。而在传承优秀传统文化方面，《经典咏流传》节目打造了新的收视热潮。该节目是中央电视台倾力打造的一档文化类综艺节目，第一季经由上万网友打分获得豆瓣综合评分的 9.4 分，有 17 名政协委员联名提案，希望该节目作为经典文化作品走进校园，以影响更多的儿童青少年。在 2018 年第 24 届上海电视节的白玉兰奖项的评选中，《经典咏流传》第一季荣膺最佳季播电视节目奖，业界赞誉其为文化类综艺节目中的一股“清流”。该节目通过和诗以歌这一历久弥新的创意手段使传统文化迸发出了令人振奋的力量，演绎嘉宾的深情歌唱诠释了诗词与古典音乐、流行音乐混搭的魅力，文化专家的及时点评深化了节目的主题，这些中华文化艺术经典之作中的思想观点变得通俗流行，可以直接抵达受众的内心。

2. 人文情怀

如前所述，电视节目的引导力具有将受众导引至“真”“善”“美”的使命与功能，其中“向善”的媒介建设方向更是当前中国社会所最为稀缺的。而电视媒体“劝善”，必得首先自身持有深厚的“人文情怀”，通过大众传播活动来肯定人的价值、尊重人的主体性、关心人的物质与精神生活、促进人的全面健康发展。中央电视台综合频道《等着我》作为一档大型公益寻人节目，汇聚了公安部等部委、热心公益的明星、不同行业领域的专家以及全媒体的寻人志愿者组织与力量，共同搭建起“全媒体公益寻人平台”，提供了八种寻人类型，通过网上志愿者征集，将热衷公益的社会人士聚拢在一起。《等着我》在挖掘寻人背后的故事使更多的人理解人性和呼唤真情，并没有过多的呈现节目背后寻人的不易与艰辛，给电视节目的受众和有相同际遇的人留一扇“希望之门”。在节目中每次打开的那扇门，无论是久别的重逢或是空落落的感伤，节目主持人总会用深情的话语去鼓励和安慰，这是电视节目人文关怀的体现。可以说，《等着我》以“人文”“人性”之真善美收获了受众的喜爱，实现了对于受众的积极引导，同时也证明了电视媒体的社会价值。

3. 责任意识

谈到电视媒体的责任意识，不得不提20世纪40年代美国新闻自由委员会（又名哈钦斯委员会）于1947年发表了被称为传媒的“社会责任论”奠基的总报告《一个自由而负责的新闻界》，谈到了大众传播媒介在内的良知、责任，以及这些责任对于形成公众舆论的普遍益处。事实上，我国的电视媒体由于所有权和管理体制的特殊性，势必更加强调责任意识，强调媒体对于社会舆论、思想文化、道德伦理等的引导。但在商业利益的驱使之下，个别电视机构不顾自身所肩负的媒介责任，不惜一切手段争夺眼球、谋取收视率，对整个电视媒介生态造成了极坏的影响。比如，个别电视台在情感类真人秀节目、调解类真人秀节目中雇人表演，通过预设话题激化节目录制过程中的家庭成员矛盾，通过剪辑拼接手法造成观点的误读，用扭曲的社会伦理道德观对受众造成误导。网上有关节目的负面话题的讨论产生了不良的社会影响，损害了电视媒体的公正形象。对于这些问题，国家新闻出版广电总局必定会根据相关法律、法规对其进行严肃处理。

三、电视节目引导力的主要研究维度

（一）舆论引导层面

当前我国社会舆论空前活跃，包括电视在内的大众传媒的舆论引导工作也随之面临多重挑战。作为重要的执政资源、执政工具和执政手段，在新形势下，电视进行舆论引导的技术和艺术都亟待升级和完善。根据2018年8月习总书记在全国宣传思想工作会议上强调的“要把握正确舆论导向，提高新闻舆论传播力、引导力、影响力、公信力，巩固壮大主流思想舆论。要加强传播手段和话语方式创新，让党的创新理论‘飞入寻常百姓家’”[①]。

① 《习近平这些要求，新闻工作者要牢记》，新华网，2018年11月8日，http://www.xinhuanet.com/politics/xxjxs/2018-11/08/c_1123680388.htm。

在舆论引导方面，各级电视机构和组织正在进行着全方位、多角度的尝试。以央视为例，作为国家主流媒体的央视不仅历时十年打造出了《感动中国》这样一档堪称“舆论引导旗帜”的电视节目品牌，而且还以坚定的政治立场、鲜明的传播姿态、多样的节目形态确保了各种舆论引导重大战役性报道的成功。

总之，对于电视媒体来说，舆论引导力的生成不仅需要从业者对事业的激情和对人民的热忱，还需要讲究有效的工作方法。电视人要善于从当代受众的心理需求和心理实际入手正确引导舆论，从而在改善手段策略的过程中提升舆论引导的最终效果。

（二）文化引导层面[①]

作为文化引导的重要载体与平台，长期以来，电视凭借自身丰富的视听语言和独特的艺术文化实践方式承载着向受众教化各种社会礼节与民族习俗的使命。

事实上，“礼俗”之于华夏中国，不仅是道德信仰和思想观念，更是社会秩序的管理和统治。因此，自古以来，对民众进行礼俗教化被公认为“国家之急务也”，其“为益之大而收功之远也”[②]。从这个角度来说，当代电视礼俗传播的社会意义和传播价值不容低估。而富有成效的电视礼俗传播行为应当包含以下两个层面的内涵：一是要将人类文化中涉及价值观、道德规范、传统习俗等领域的“先进的、科学的、优秀的、健康的”部分作为传播内容；二是要以艺术的、美育的传播形式将上述内容呈现出来，从而使受众在愉悦的视觉盛宴中、在隽永的心灵洗礼中深刻体味中华礼俗的精髓所在。

然而，进入社会转型期以来，由于各种文化冲突的集中爆发和主体文

① 王艳，李岭涛：《中国礼俗，世界表达——当代电视礼俗传播的“文化示范”路径研究》，《电视研究》2013 年第 7 期，有删节。

② 刘志琴：《礼俗互动是中国思想史的本土特色》，《东方论坛》2008 年第 3 期。

化心态的剧烈震荡，我国的大众传媒，特别是电视所从事的礼俗传播活动也不可避免地频频陷入“文化失范”的尴尬境地，从而造成了广大电视受众在礼俗习得过程中的种种阻碍。所谓“文化失范是指在社会文化变迁过程中，人们的行为及价值观念由于缺乏明确的准则而导致的混乱无序的状态”[①]，是文化危机的一种具体表现。对于大众传媒的礼俗教化行为来说，“文化失范”不仅会危及传媒组织的权威与公信力，更会直接瓦解社会礼俗的内在价值，使其最终失去作为民众道德信仰、思想观念以及社会秩序管理和统治的合法性。

1. 电视礼俗传播之文化失范

同一种礼俗文化在传承中既存在于人们的头脑中，又会潜移默化地组织、规范和影响人们实际的礼俗行为。头脑中的礼俗通常会通过表征[②]它们的各种实际行动完成对自身文化意义的建构。在这个过程中，无论是人们使用体现礼俗文化的词语、讲述关于礼俗文化的故事、呈现礼俗仪式，还是对礼俗文化内在价值的积淀、对礼俗文化的具体分类以及由礼俗文化产生的相关情绪，都与人类传播活动有着密不可分的关联。而这也就必然意味着，一旦大众礼俗传播遭遇“文化失范”，那么关乎于社会礼俗的理念体系和行为模式都将受到不同程度的损害。就电视而言，引发这种“文化失范”的原因和表征主要集中在以下三个方面。

（1）社会礼俗环境的恶化导致电视缺乏可参照的礼俗传播母本

对电视来说，向受众施以何种内容、何种性质的礼俗教化无疑是最需要慎重考量的问题。但当代中国社会现实的残酷之处和无奈之处却在于：由于各种复杂的社会历史与政治原因的综合作用，电视已然无法寻到一个

① 李燕菲，刘媛媛：《转型期大学生文化失范现象探析》，《青年文学家》2009年第21期。

② 表征：作为西方文化研究和传播学中的一个重要而又复杂多义的理论范畴，表征既是客观事物的反映，又是被加工的客体，它可以是词语、命题，也可以是思想、图像，其表明了两个事物之间的联系。同一事物在不同的时代或者文化背景下可以有不同的表征。

完整的、成系统的、可参照的礼俗母本来佐证自己的礼俗传播活动是否正确或是否得体，其不得不在无知和盲目中凭借"礼俗臆想"来引导受众建构实为偏颇的"礼俗幻象"，其中的风险便是以牺牲受众健全的礼俗认知为代价。以近些年各地风起的"汉服"热为例，尽管民间复兴的呼声甚高，各种诸如"着汉服行成人礼""着汉服祭祖"的活动也都付诸了实践，更成为电视媒介争相报道的媒介礼俗仪式。但实际上，无论是官员、百姓还是大众传媒却几乎都处于一种"不知何为汉服"却拚命卷入"为汉服所裹挟"的行动怪圈之中。时任文化部部长的孙家正就曾坦率地承认："有些地方有些青年人在提倡穿汉服，但是我到现在都搞不清楚什么服装是能够真正成为代表中国的服装，这恐怕是我们面临的一个最大的困惑。"①

作为最具形式意味的礼俗标识，各地不尽统一，甚至堪称混乱的汉服造型，尽管是以回归传统礼俗文化为愿景和出发点，但却最终报告了"传统的流失"和"礼俗的错乱"②，更折射出了整个中国当下日益恶化的礼俗生态环境。而身处其中的电视便因此缺少了可资参照的进行礼俗传播活动的珍贵母本，同时也丧失了对民众礼俗活动实施及时干预与有效匡正的教化能力，仅仅沦为礼俗"表演"的记录者和传播者。如此，一旦礼俗活动本身出现纰漏或是错误，电视非但无法制止受众被蒙蔽，反而还会在同样无知的状态下将某些"伪礼俗"以现场直播的方式快速、便捷地扩散开来，其危害甚远。

（2）泛经济化倾向直接诱发电视礼俗教化活动的急功近利

在中国的传统文化中，以规范化的典章制度为特征的"礼"和以自发性生活习惯为特征的"俗"，尽管有着雅与俗、上层与下层之分，但在儒家思想的强力整合和长期教化之下，最终以"礼俗"的契合状态成为普通

---

① 丁尘馨：《中式服装今安在？》，《中国新闻周刊》2006年第40期。

② 著名文化史研究专家刘梦溪在《"五四"和反传统思潮》一文中指出传统社会把"易服色"看成文化礼仪变迁的大事，而"文革"时期全民的"乱穿衣"（也可视为"易服色"），则"不仅是文化传统流失的表现，也是礼俗错乱、失掉传统的表现"，是无知者对传统的毁坏。

百姓共同认可的日常操守和生活逻辑。在此值得注意的是，统治者对于礼俗的教化和民众对于礼俗的习得均不是一朝一夕完成的，循序渐进的缓慢渗透和赏罚分明的不断互动被看作社会礼俗教化实践的关键所在。

但在日益发达的商业社会中，电视与家庭、学校等传统的“礼俗教化者”之间的最大差异就在于：前者在履行“使文化代代相传”的社会教化功能的同时，还会本能地、最大限度地兼顾其“营利性”。这种角色属性直接导致了当前为数众多的电视热衷于策划各种短期内即可“名利双收”的礼俗媒介事件，却对在现实语境下以礼俗传播行为重塑当代人失落的精神缺乏动力。曾几何时，原本庄严神圣的陕西黄帝陵祭祖大典在众多电视媒体的积极造势下演变成了一场十足的众声喧哗下的娱乐秀。那些具有轰动效应的、宏大的电视礼俗教化仪式甚至可能蜕变为各方逐利的博弈场，而那些“耗时长、见效慢、获利欠丰”的纯粹公益性的日常礼俗教化活动则常常被电视媒体视为鸡肋之选。这是电视作为“理性经济人”的全面胜利，但同时也是其社会文化品性与责任担当的节节溃败。

（3）乏善可陈的电视礼俗教化形式难以有效激发受众的收视兴趣

实际上，反观电视对受众业已进行的日常礼俗传播实践，除了个别电视机构，例如央视，能够凭借得天独厚的条件不断制作出一些水准上乘、传播效果被大多数受众所肯定的礼俗节目（如前面谈到的电视诗会）之外，目前国内电视媒体在此方面的表现几乎只能用“乏善可陈”来形容，而那些由公益广告、电视讲座和某些包含礼俗元素的电视剧等组成的颇为单调的文化配餐，委实难以满足受众日益多样的欣赏口味。但即便是像央视每年倾尽全力制作的诚如《春节联欢晚会》这样的礼俗传播的“饕餮盛宴”，也很难逃脱来自受众的各种挑剔和吐槽。比如，作为全世界收视率最高的节目之一，有社会学家评价中央电视台《春节联欢晚会》已经成了“中国人的‘新民俗，新文化’”和“所有炎黄子孙追求和谐、进步、吉祥的民俗盛典”。但尽管如此，近些年《春节联欢晚会》还是饱受各种争议，特别是一些年轻受众认为央视在进行礼俗教化的过程中，时代感不强，不能有效激发观赏兴趣，难以真正产生“润物细无声”的礼俗教化影响。

另外，个别电视媒体礼俗传播活动所选定的代言人（如演艺明星等），常常由于自身文化和道德素养参差不齐，言行不一，间接导致受众对于其所从事的礼俗传播行为的信度和效度大打折扣。如此一来，受众对电视礼俗传播的鲜有问津直接导致了电视媒体既难以赢得良好的社会口碑，也无法获得理想的收视率和广告支撑，收看与传播行为之间的恶性循环最终形成。由是观之，无论是那些僵化不变、缺乏创新精神的固定节目程式还是不能“言传身教”的各色代言人，都在不断蚕食受众对于礼俗传播的兴趣，影响其了解和喜爱中华民族的礼俗文化。对此，电视媒体必须予以正视并积极寻求改进之路。

2. 电视礼俗传播之文化示范

19世纪法国社会学创始人之一加布里埃尔·塔尔德（Gabriel Tarde）曾说，“古老的模式压倒优势的时代，是风俗的时代”，“在风俗呈上升趋势的时期，人们热恋自己的国家而不是自己的时代，因为它们讴歌的对象首先是过去”①。因此，当代中国电视应当以“尊重传统”作为礼俗传播的宏旨，在“文化示范”中化解“文化失范”的潜在危机，积极探索适合礼俗传播的可为路径。

（1）从人的社会化进程着眼设置电视礼俗传播的议程

在媒介高度发达的现代社会，一个人的整个生命之旅都将不可避免地被各种新旧媒介所包围。因此，电视也势必要从人的整个社会化进程的高度着眼设置与其相关、对其能够施与教化影响的礼俗传播议程。事实上，从社会文化的生成和繁衍的角度来看，人的社会化本质上是文化延续和传递的过程，因而电视完全有能力发挥自身声画具备的优势，精心打造为受众所喜闻乐见的礼俗节目，将中华民族宝贵的“礼文化”与“俗文化”的精要以通俗易懂的方式广泛传播和弘扬，使受众能够摆脱对单纯追求感官刺激和浅表娱乐节目的关注。同时，礼俗作为社会价值观的规范化、程式

① ［法］加布里埃尔·塔尔德：《模仿律》，何道宽，译，中国人民大学出版社，2008年版，第140、142页。

化、制度化，还应当成为电视对受众进行社会核心价值观塑造的最佳载体，从而帮助受众更早、更好地将外在于自己的社会行为规范、准则内化为自己的行为标准，最终完成由自然人到社会人的转变，为社会交往奠定基础。

（2）根据受众媒介素养的差异优化电视礼俗传播的方式

承认受众媒介素养的差异化是当代电视进行分众传播的内在依据。对于电视来说，教育背景不同、身份地位不同、职业不同、性别不同、信仰不同、年龄不同的受众在“解码”礼俗信息时必然呈现出不同的需求和喜好，因此电视在进行“礼俗编码”时既要严格遵循“因材施教”的教育理念，为尽量多的“受众亚群体”提供适宜的礼俗教化产品，又要充分考虑到“雅俗共赏”，通过优化和改善传播方式来谋求传播效果的最大化。比如，各个省级卫视（频道）完全可以根据目标受众为其量身打造礼俗教化公益广告，将传媒礼俗教化内容与教化形式相得益彰，使受众在潜移默化中受到良好的熏陶和影响，使其心态和精神朝向更为清新和高雅的情致之中。

（3）借鉴日、韩等国成功的电视礼俗教化经验为我所用

毋庸置疑，近代以来我们的近邻日本和韩国在礼俗传承和弘扬方面比我国更见成效，其中电视媒体功不可没。特别值得一提的是，日、韩两国的电视媒体在进行影视剧的制作和输出过程中，均将礼俗教化内容作为其达成“社会和谐”的组成部分加以大力推广。因此我国的电视媒介组织应当保持高度的清醒，在热衷推介他国礼俗的同时，深刻意识到对自己国民的礼俗教化使命，在借鉴日、韩等国成功经验的同时，努力以“中华礼俗文化”的自觉担当化解来自全球化进程中的“文化他者”的有意或无意的渗透，以礼俗传播的精品之作、诚意之作来巩固我们民族的文化记忆、鼓舞我们民族的文化脉动，最终以礼俗文化的精神力量助力我国“和谐社会”的建设。

四、“寓教于乐”：引导力与吸引力应实现和谐、统一

在电视节目影响力评价体系中，“引导力”与“吸引力”之间的关系

最为特别、最具张力。业界也对此颇为苦恼，即一旦强调“引导力”那么电视节目就似乎必须牺牲“吸引力”，换句话说，“吸引力”的出现极有可能对“引导力”产生某种损害。在这种情况下，受众常常要忍受那些肩负着各种引导使命的电视节目“正襟危坐”“板起面孔”的枯燥说教。但事实上，电视节目要想取得良好而持久的影响力，必须在“吸引力”打造与“引导力”贯穿之间找到某种平衡，以“寓教于乐”的方式实现教育和启发受众的目的。

关于“寓教于乐”的思想，最早由古希腊著名美学家亚里士多德在其所著的《诗学》中提出，以后由古罗马诗人、文艺理论家贺拉斯明确地表达出来。贺拉斯在《诗艺》中提出，诗应带给人乐趣和益处，也应对读者有所劝谕、有所帮助。对于电视节目来说，同样需要兼具吸引力和引导力两种特质，唯此方能达到形式与内容的和谐、统一。但反观当前的电视荧屏，仍然存在着大量立意好、导向明、主题深刻的电视节目深陷“收视滑铁卢”，在受众中的影响力日渐式微的现象。

第四节　融合力：电视节目能否应对新媒体环境

当前，面对基于流媒体技术、以信息化和数字化相互“融合”为特征的新型传播平台的出现，电视节目应以积极开放的姿态迎接这种融合方能维持自身的受众规模并进而尝试开发出更广大的生存空间。对于电视节目本体而言，“融合力”的生长点广泛涉及形态、渠道、内容、组织和人力等多个层面，并且贯穿研发、制作、推广和文化等整个电视节目生产的重要维度。毫不夸张地说，在今天的媒介生态环境中，拒绝“融合”也就意味着错失与新媒体、新传播平台实现“互动”、“互换”、“互联”和“互惠”的宝贵发展机遇。电视节目对“融合力”的呼唤不仅是市场的需求、产业的需求，更是受众的需求和技术的需求。特别是后者，麦克卢汉关于“媒介即讯息”的判断早就预测到了这种电视传播融合趋势的不可阻挡。因此，电视媒体必须在“融合力”的触动和激发下，全方位盘活现有的传播资源和传播优势以占得未来发展的先机，从而摆脱传统电视节目传播的桎梏。

一、对电视节目融合力概念的解析

葛林斯丁（Greenstein）和迦拿（Khanna）曾将融合定义为“为了适应产业增长而发生的产业边界的模糊与消失”[①]，这一定义无疑是极具启发性的。特别是在当前电视节目生产软肋频现、市场竞争后劲不足、受众不断流失的时代背景下，“模糊”与“消失”在此代表的并非传播资源存量的减少，而是新的增量的出现。凡是具备“融合力”的电视节目，几乎为未来增容了更为自由、更少掣肘的传播场域和生产空间。用发展的眼光来看，“融合力”对于电视节目的升级与转型来说不啻为一种真正的“生命力”。

（一）电视节目融合力出现的契机分析

1. *受众需求层面*

近年来，电视开机率的持续下降，有的电视机构制作的节目鲜有问津或者受众干脆习惯于“网上看电视”“手机看电视”，这在传统电视产业发展思维里无异于灾难性的打击。然而，在现代媒介市场的激烈竞争中，电视媒体必须重视上述受众心理需求的“更新换代”和“与时俱进”，否则将很难在媒介市场中占有一席之地。从受众的角度来看，融合已然成为当下生活方式的精准概括。通信方式变化了、消费方式变化了、学习方式变化了……观看电视这样的休闲娱乐方式也必然发生变化。纪录片《舌尖上的中国》的走红轨迹就颇有些非常规的意味，在“电视首播—网络蹿红—电视重播”的过程中，视频网站的高点击率成为引发电视高收视率的重要环节。而得益于互联网的发酵，淘宝上特产小店的生意也不断飙升，在此商业利润率与电视收视率之间显示出了默契的对位关系。从某种意义上来说，“传

① 韩运荣：《传媒经济理论、演进与模式》，北京大学出版社，2011 年版，第 165 页。

统美食与网民思乡病的奇妙关系”在新旧媒体的组合传播中不仅展示了强大传播影响力，更让电视媒体真正领略了融合时代绝对不可小觑的受众新的收视需求。受众对于电视融合的期待，正是电视节目发展的方向和指南。忽略这种需求，电视节目制播将走上故步自封、影响力下降的衰败之路。

2. 技术创新层面

事实上，电视节目影响力评价体系对于“融合力”指标的引进还体现了对以“融合”为表征的新的媒介技术的关注。“微观上的技术融合，主要是指‘整合传媒终端，是指将多种媒体功能整合在一起，以一种开放的终端平台将信息和服务传递给使用者’”[①]。作为电视节目生产与营销产业链条的最后一环，传媒终端的融合最直接地影响了受众的媒介体验。比如“在赛事直播方面，VR 给予了受众沉浸的参与感，通过 VR 虚拟现实技术来观看比赛，对受众来说是非比寻常的观赛体验。受众可以自由地切换镜头，将整个赛场尽览无余，而不再仅仅是局限于导播所展示的观看角度”[②]。这种身临其境的体验恰恰验证了传播学者麦克卢汉的预言：媒介即讯息。掌握了先进技术的媒介势必有能力、有条件为电视受众带来更多的资讯和体验。5G 技术的应用将大大提升节目的传输速度和传输质量。技术创新带给电视节目的融合力，不仅仅体现在传播和转播技术方面，还包括在节目制作方面已经自然而然地融入了各种先进的智能技术，包括语音识别、人脸识别、大数据筛查、测算、评估等的技术将会给节目的策划、选人和节目的流程、后期制作带来高效率，过去耗费大量人工高成本完成的工作将会实现低成本的自动化。

3. 制度安排层面

在受众需求与技术创新之外，一系列由国家和市场共同主导的“制度性安排”也在不同程度上推动了电视节目融合力的增长，并在使传媒本身获

① 熊澄宇：《整合传媒：新媒体进行时》，《国际新闻界》2006 年第 7 期。

② 《当 VR 遇上体育，这体验感简直爽爆了》，云舞科技 CloudWave，2017 年 9 月 12 日，http：//www.sohu.com/a/191482794_608916。

得巨大利润空间的同时，带动和提升了国家战略层面融合经济的迅猛发展。

一方面，中央关于文化产业发展的政策要求给予了互联网和移动互联网等新技术以长足的内在驱动，进而使拥有海量版权内容的电视节目生产机构与新媒体之间的融合发展势在必行。另外，媒体融合的国家战略也为电视节目融合力提供了政策支持，是国家政策层面对包括电视在内的媒体进行全面转型的支持和鼓励。在媒体融合从制度变为现实的过程中，可能面临各种利益集团之间的激烈博弈，电视媒体必须做好充分的思想准备，以开放和欢迎的姿态面对种种挑战，因为任何退缩和犹豫都将使自身错失发展的良好机遇。智媒体和全媒体时代的到来，电视媒体身处其中，已然摆脱了传统媒体的标签，正在朝着全媒体方向前行。电视节目的生产自然也要遵循全媒体的项目立项、媒体资源整合调动、全员媒体的规则，不断地提升融合力。

另一方面，不同电视机构在融合性的竞争中所显现出的种种新气象给整个行业带来了不容低估的紧迫感，很多较为保守的电视节目制播主体迫于这种强大的压力也纷纷开展与新媒体的合作，有的借船出海将节目版权卖给某一新媒体播出平台，有的则将融合趋势带来的利好直接转换为自身的媒介延伸，如自主开办网络电视台等，为电视节目持续高效地生产与播出注入巨大的经济增长潜力。比如依托于中央电视台、在央视网基础上创办的中国网络电视台便立足于打造国家视频平台，以开拓更加全面的内容传播渠道，创造更加理想的“融合信息”传播环境。

（二）电视节目融合力的路径分析

1. 媒介形态的融合

当前，受众视听内容消费的多元化、数字化和网络化正在挑战电视的媒介霸主地位。在这种情势下，各种新的电视节目融合形态迅速崛起。“《等着我》第四季是中央广播电视总台成立后实现‘三台合一’联合传播的首档节目。节目访问人张春蔚同时身兼中央人民广播电台评论员的职务，节目宣传片的配音为中央人民广播电台首席苏扬。节目播出期间，央视《等着我》团队、中央人民广播电台中国交通广播《北辰在找你》、央视网、央广网等还将联袂打造大型融媒体节目《等着我，我会找到你》。中央电视台（中国国际电视台）、中央人民广播电台、中国国际广播电台，三台合一以后，给我们带来了新的机会。"[①] 将这项公益项目做大做强亦是融合的初衷。不仅如此，对于电视媒体来说，跨界连线、组合混搭等都是电视节目进行形态创新最为常用也最为有效的策略。以电视化的表现形式来承载包括互联网在内的各种媒体资源，既可以将平面媒体的深度、电视媒体资源的丰富性、权威性、大众化以及新媒体的个性、话题性和互动性等有机地融聚在一起，丰富了电视节目的内容与形态。

2. 传播平台的融合

作为媒介融合的产物，网络化的电视节目传播必将使传统的电视媒体在整合中重获生机和尊严。2019 年，央视网络《春节联欢晚会》就是一次在"三屏合一"的尖端技术理念指导下进行的完全的跨媒体传播。"三屏合一"技术就是在现有的传输网络、技术平台、终端设备、业务资源等条件下，综合电视屏、电脑屏、手机屏这三个媒介终端的特点，重新设计可以在三屏之间进行互联互通、服务互补的业务[②]。通过技术的创新，信息的传输方式多样化，传播范围扩大了。其实，当今任何电视节目要想在当今的媒介市场竞争中取胜，网络播出平台对受众份额的撬动万万不能忽略。试想一档电视节目同时选择在互联网上播放，如果每期点击量和浏览量都保持在百万以上，那么该节目的广告收入和市场利润无疑将得到最大限度的保证。

传播平台的融合会反向促进节目的选题、制作流程和形态发生一定的变化。比如湖南卫视 2018 年播出的《快乐哆唻咪》的网络播出平台除了芒果 TV 外，还有腾讯微视等，在 12 个魅力城市进行了一场场快乐的创意短

① 《倪萍退出〈等着我〉，帮助 1 万人找到了失散的亲人》，中华网，2018 年 5 月 18 日，https://news.china.com/socialgd/10000169/20180518/32422849_all.html。

② 官承波，等：《媒介融合概论》，中国广播电视出版社，2011 年版，第 18 页。

视频拍摄。在节目中会有创作者对 1 分钟短视频拍摄理念的交流，把奇思妙想融入城市人文风情和街头特色的追梦视频中。从节目的表现形式来看，节目的短视频化输出是对电视媒体和网络平台的不同受众的差异化需求的折中。

3. 内容资源的融合

毋庸置疑，在数字化技术的推动下，各种新的流通渠道纷纷涌现，从而使电视节目内容的流通方式也日益呈现多样化，加之各类媒介内容的持续融合，一种新型的旨在垂直方向上运行的产业价值链最终形成。在这方面，电视娱乐节目显然是最大的受益者和最积极的尝试者。各个省级卫视在娱乐节目的竞争方面已经呈现出白热化的发展态势，一档娱乐节目的成功甚至可以改写一个省级卫视的前途和命运，特别是在网络口碑影响收视的今天，这种影响力更是难以估量。事实上，“通过电视播放的娱乐节目是以完整的节目视频为主，而在互联网上则扩大到完整节目视频、精彩视频片段、图片、互动等多方面。其中，互动有两个方面的含义，一是节目组及主持人等通过资讯、预告、爆料等形式向受众所传达的信息；二是受众通过各种互动途径所表达的观后感、意见、建议等，也影响着其他受众和栏目组。这些内容共同形成了电视节目在互联网上的立体化传播空间”[①]。除此之外，在重大突发性新闻事件的报道中，网络对于电视的“内容援助”是毋庸置疑的。特别是在当前网络舆情异常活跃的情况下，电视媒体如何捍卫在议程设置领域的绝对权威地位需要引进媒介融合的思路，比如一些电视读报节目有效地将网络的信息优势最大限度地转化为信息传播和评论实施的参考框架，从而确保了自身在议程发酵过程中得以继续扮演舆情研判和舆情引导的重要角色。

4. 受众类型的融合

在一个媒介融合的时代，单一属性、单纯身份的“受众”规模正在逐

① 严卫宏：《电视娱乐节目的网络传播特点分析》，《今传媒》2011 年第 8 期。

渐萎缩，取而代之的则是受众与网民甚至与“多屏用户”的合流。对于电视节目影响力的评价体系来说，上述受众类型的融合要求在进行评价的过程中，必须重新审视不同电视节目影响力波及的范围和产生影响力的方式、手段。以娱乐节目为例，其影响力已经由于受众的多元、多样而呈现出了“焦点扩散”的态势，即“电视首发、互联网广播”的新的传播影响力模式。在这方面，各个上星频道进行了很多有益的探索和尝试，同时也收获了由受众类型融合所带来的巨大的视听收益。比如湖南卫视的《歌手》节目就在成功地制造了“收视神话”的同时，捕获了大量多种终端用户的注意力。央视近两年也开始发力布局社交媒体，比如实名开设抖音等账号，从而能够在互联网上大范围地推广自己的重点节目，主动适应受众的融合趋势。

5. 评价标准的融合

在媒体融合时代，如何评价新旧媒体之间融合的水平和质量是需要参考传播终端的反馈来进行判断的。对于电视媒体而言，受众满意和市场满意的统一，也就是通常所说的社会效益与经济效益的统一仍然可以看作对评价标准最宏观意义上的阐释。具体来说，对于电视媒体与其他新媒体融合的评价标准可以从以下四个方面来考察：

（1）能否赋予节目以个性化

从受众的收视效果来看，媒介融合给电视媒体带来的最显著的影响当属节目的个性化程度得到了前所未有的提升。毕竟多样化的传播渠道则同时意味着更多内容和信息出现的可能。麦克卢汉曾经这样预言：媒介即讯息。而当今融合之后的各种新旧媒介本身就是“创意”、“创新”和“个性”的最佳孵化器。如前所述，个性是电视节目吸引力的重要来源之一，而掌握了媒介融合技术的电视节目无疑更加具备成为文化创意产品的先天素质。反过来，电视节目的融合升级也是对受众个性化需求的一种满足，是在激烈的媒介竞争中赢得市场份额的明智之举。未来，为不同传播平台打造的不同的电视节目势必将呈现和反映受众的细化程度和主要类型，吸引大规模受众注意力的节目和吸引各种小众眼球的节目将并行不悖，前者以仪式感、权威性和庄重意味继续维护电视的“传统优势”，而后者则通过新奇、有趣和别出心裁来引领电视的“后发优势”，这是时代发展的必然，更是媒介技术进步的福音。

（2）能否实现口碑共享

如上所述，随着新旧媒体在节目形态、传播平台、内容资源和评价标准等方面不可逆转的渐趋融合，如何实现口碑共赢便成为重要议程。事实上，以互联网为代表的新媒体曾由于信息集散的庞杂无序而被视为口碑欠佳，而电视则凭借一贯的权威性广受认可。但在今天，这种口碑上的不平衡正不断被打破，网络在为电视带去传播活力和传播资源的同时也在改写着自身的既有口碑。一方面，网络平台的开放性使电视节目的传播场域无限扩容，且使收看电视变得更加便利，网络成为电视节目突破时空限制的最佳载体；另一方面，依托网络社交媒体、公共论坛也为电视节目提供了广阔的口碑共享与口碑交换的空间。几年来，身为网民的电视受众开始充分享受两大平台、两大介质之间的传播服务，这是媒介融合带来的新气象。而在这种背景之下，可以看到越来越多的电视媒体开始放下身段，努力寻求与网络之间的深度合作以重新收获受众，特别是年轻受众的认同。

（3）能否带来互利双赢

客观地说，口碑共享势必同时给新旧媒体带来利益双赢，而这也成为评价其融合状态的最直观的指标。而随着移动互联网和移动终端的迅速普及，中国视听行业开启了移动视听的新时代。但实事求是地说，当前各级电视台对于新媒体的运营和发展总体呈现了不平衡的态势，一些地方电视台无论是新媒体的运行理念还是人员配置，都远远落后于时代的发展，新旧媒体间的融合仍然停留在“你还是你，我还是我”的低层次。与此形成鲜明对照的是，以网络媒体为代表的新媒体在与电视媒体的多维业务合作中确实尝到了甜头。视频网站、社交媒体、短视频平台等用各种评价指标和产品指数对电视媒体的推出产品类型和商业模式不断的反馈和渗透，“台网互动”使“网”成为品牌营销和广告投放的新舞台，由此各大网站在推动综艺节目进入新时代的过程中也赚得盆满钵满。这是非常值得重视和反思的重要时代命题，关乎电视媒体的生死存亡。

（4）能否推动电视媒体的节目再生产

当前，互联网对于电视媒体节目再生产的影响主要体现在两个方面：一是以电视机构的选秀节目等为代表的内容资源通过上传到互联网而获得更多的关注度；二是各大网站的节目自制能力快速提升，特别是视频网站几乎都具备了将自制内容反向输出给电视播出的能力。上述两种维度的合作式互动均有力地推动和促进了电视媒体的节目再生产，在此，收视率与点击率之间产生了更为深远和密切的联系。“对一档节目的评估，欧美正在兴起综合收视率的概念，即综合考虑电视收视率、互联网上的点击量和讨论热度，而不是简单用抽样调查去判定”[①]，而这也正是融合视域下电视与互联网评价标准的最核心所在。

二、融合力指标与电视节目影响力评价体系

（一）将融合力指标纳入电视节目影响力评价体系的意义

有学者曾经提出“电视的未来在互联网”的观点，似乎可以从某种角度解释将融合力指标纳入电视节目影响力评价体系的价值和意义所在。当然，不只是互联网，一切新媒体技术都有可能成为与电视媒体联姻的对象。“融合力”给全媒体时代的电视节目评价注入了全新的理念与操作路径。当前的电视媒体正在分化为传统的家庭观赏、户外和随身三种模式，而新媒体已然与上述三种模式都展开了不同程度、不同方式、不同层面的融合。今天，恐怕没有任何人敢于忽视新旧媒介融合对于旧媒介的巨大影响力。而作为电视节目影响力评价体系中最具潜力的指标，“融合力”的提出将对当代中国电视发展产生深远的影响。

① 范晓东：《选秀节目的网络狂欢：电视台与互联网寻求共赢》，腾讯网，2013年7月13日，http：//tech.qq.com/a/20130713/002035.htm。

（二）与融合力有关的评价要素

1. 融合的广度

众所周知，“新媒体”不仅意味着技术的与时俱进，更意味着边界的逐渐消失和门槛的降低。在这种情况下，电视与新媒体的融合展现了广阔的空间，酝酿了无限的可能。由于越来越多的年轻人和意见领袖日趋青睐于各种互联网终端，因此各电视媒体目前广泛试水将版权使用、产品研发、营销拓展等融为一体的媒介间融合模式，以形成传播效果的最大化和最优化。但是电视媒体对目前与新媒体开展的融合还是保有一定戒备和警惕的，比如为了避免互联网将受众及其观看时间过分分流，综艺、娱乐节目和一些电视剧通常都不允许在线直播以免影响收视率。但总的来说，新媒体使用者与电视媒体的目标受众发生了大面积的重合现象，前者的年轻化正是当前电视强势节目形态——娱乐节目最主要的传播诉求。以互联网为例，在其将各大省级卫视娱乐和选秀节目集中展示的过程中，电视媒体的内容得到了更大范围的价值增值，节目的总受众数和影响力都得到了扩充。

2. 融合的深度

对于一档具体的电视节目来说，评价其融合力的维度不仅有广度，更重要的还有深度，后者决定了融合力内在的持久性、稳定性和吸附性。2016年2月19日，在党的新闻舆论工作座谈会上，习近平指出，要尽快从相“加”阶段迈向相“融”阶段，从“你是你、我是我”变成“你中有我、我中有你”，进而变成“你就是我、我就是你”，着力打造一批新型主流媒体。习近平在十八届中央全面深化改革领导小组第四次会议上强调，“要坚持先进技术为支撑、内容建设为根本，推动传统媒体和新兴媒体在内容、渠道、平台、经营、管理等方面的深度融合”。2019年1月25日，中共中央政治局举行第十二次集体学习，主题是全媒体时代和媒体融合发展，习近平强调，“推动媒体融合发展、建设全媒体成为我们面临的一项紧迫课题。要运用信息革命成果，推动媒体融合向纵深发展，做大做强主流舆论，巩固全党全国人民团结奋斗的共同思想基础，为实现‘两个一百年’奋斗目标、实现中华民族伟大复兴的中国梦提供强大精神力量和舆论支持”①。由是观之，与新媒体的融合应当贯穿电视节目传播的方方面面和整个营销链条，在每一个合适的节点焕发强大的融合力以稳固受众。这不仅是业务问题、技术问题，更是政治问题、生存问题。

3. 融合的频度

回顾我国电视媒体与新媒体融合的轨迹不难发现，其向新媒体靠拢的姿态基本分为主动和被动两种。主动融合的电视节目与新媒体融合的频度较高，而被动融合的则频度较低。在这方面湖南卫视显然是非常值得研究的个案。众所周知，近年来，湖南卫视凭借着与互联网高频的互动强力收获了多个娱乐选秀节目的空前成功，2014 年《我是歌手》《花儿与少年》《爸爸去哪儿》《一年级》表现亮眼。节目组与新媒体的高频次的互动表现在：新浪、腾讯、搜狐、网易等知名门户网站合作设立节目的专题，源源不断地为网络媒体提供新闻话题和稿件；视频网站节目正片、纪录片、花絮、恶搞、网友剪辑各类视频层出不穷；微博话题你方唱罢我登场，让粉丝们在转发和评论中享受着刷屏的快乐；App 游戏互动活动众多，给你好听的好看的好玩的实惠的；新闻客户端每天高频次的节目信息曝光，让受众对节目中的嘉宾比熟稔多年的好友还了如指掌；受众被激发出来的创造力和热情让台网互动不再停留在仅仅是投票和评论的浅表性的参与层面，那些持有网民和受众双重身份的信息反馈主体对节目的设置和进展产生了重要的影响。

三、电视节目融合力的主要研究维度

（一）节目生产维度的融合之道

1. 内容为王

在媒体融合的背景下，电视节目的优势在哪里？当传播平台的独家垄

① 《习近平谈融合发展“金句”：建成新型主流媒体 扩大主流价值影响力版图》，央视网，2019 年 1 月 28 日，http：//news.cctv.com/2019/01/28/ARTIEyMCyyrcP4AjTlnjIep2190128.shtml。

断被日趋激烈的市场竞争所打破，电视节目路在何方？在受众对新媒体流露出无法阻挡的强烈偏好的时代背景下，电视媒体是否只能束手待毙？而回答上述严峻的现实问题，只有一个不容置疑的答案，那就是“以内容为王”。事实上，学界和业界目前比较认可下面对电视类型的划分，即作为内容提供商的电视和播出平台的电视。从某种意义来看，作为内容提供商的电视潜在的发展机遇更大，而作为播出平台的电视则受制于线性、单向的传播模式也势必逐渐举步维艰。而毫不夸张地说，以“内容”为线索将整个电视产业链的起点与终点、生产与销售串联和整合起来是电视媒体经过长期而艰难的媒介生存实践得出的最优选择。曾几何时，电视台一直都以强势播出平台作为最核心的竞争资本，但这种资本优势被更快的互联网和更便捷的移动屏幕等各种智能终端所夺取。当人们可以随意将电视频道转化为手机里的App或者视频网站里的可视化内容后，电视的明天变得岌岌可危。今天，电视媒体若想继续参与接下来的媒介竞争，便只有“以内容为王”一条路径了。众所周知，长期以来电视媒体在新闻、综艺娱乐、体育和电视剧四大领域里积累了超高的人气和极为雄厚的内容制作实力。今后，电视媒体要在继续坚守新闻品质与口碑的前提下，努力提升自己在综艺娱乐、体育和电视剧等三大电视市场的主导权和话语权，通过对媒体属性视频文化产品的精心打造，稳定和掌控住自己内容生产主场的产业格局。

事实上，目前对电视媒体形成最大威胁的不是渐趋成熟的新闻网站，也并非以技术为先导的网站，而是视频网站。后者目前已经不再满足单纯地购买现成电视节目的播出版权，而是大张旗鼓地开始了自制视频。尽管在很多专业电视机构，特别是传统电视台的工作人员眼中，当下很多视频网站的制作技术还处于“业余水平”，但随着新旧媒体人员流动的日趋频繁以及视频网站自身人力资源水平的不断提升，电视媒体今后需要努力维护在节目资源的生产优势。同时，面对未来视频内容可以自由流通的背景，传统电视媒体要勇于面对媒介融合的残酷现实，抓紧做好继续称霸内容制作高水平领地的各种储备。如果可能，电视媒体要敢于摆脱完美的内容拷贝者的尴尬角色，力争也有能力创造出一些优秀的节目形态和模式，以向国外和网络视频平台供应商出售版权来维持生存、谋取发展，实现从“买节目版权”到“卖节目版权”的根本转变和跨越。可以想见的是，电视媒体在内容上的不断用心势必将得到商业利润和社会效益的巨大回报。

2. 做好受众细分

“在计算机家族中长大的孩子不再把电视看成神圣的东西，而是把它看成交流的便携工具”①，但千万不要小觑这些由计算机陪伴长大的“孩子”，他们将是未来电视媒体与新媒体竞相争取的目标受众。从某种程度上来看，对电视受众的大龄化（甚至老龄化）和网络受众的低龄化的概括虽然未尽全面和精准，但却是不争的事实。对电视媒体来说，“日渐衰老”的受众群体尽管基数仍显庞大，但其购买力却在不断萎缩，这对电视产业的打击将是致命和深远的。那些几乎很少会在某一个固定的时间点收看某一频道电视的新型“受众”，崇尚的是自由无拘和随时随性，他们将网络媒体看作对电视节目在时间与空间上的任意延伸，试图努力摆脱电视节目线性编排和传播的桎梏。当然，这种来自受众心理上的融合趋势在事实上也扩大了传统电视的“收视群体”，只不过这种收视的顺序是“先网络后电视”，电视在此过程中丧失了绝对的主导权。由是观之，在媒介形态不断变革和不断融合的今天，电视节目的生产必须以各种信息、通信及网络技术等的实现深度融合为前提，通过提供多种方式和多种层次的节目来满足不同受众的需求，从而使其获得更为多样、更为便捷、更为新鲜的媒介体验。如果说电视节目能否聚合在各种平台上播出有赖于技术的先进，那么电视节目能否战胜全媒体时代的挑战则有赖于电视人对于身处其中的受众品位的准确把握。

3. 形态决定内容

在以“融合”为指向的电视节目生产中，成功的节目形态往往优先于

① ［美］达西·格巴哥：《数字电视内容与经济分析》，罗晓军，等译，人民邮电出版社，2006年版，第22页。

节目内容而为媒介市场所认可，越来越多的国际电视节目版权交易的典型案例都证实了这一点。通常，优秀而成熟的节目形态都具备融合各种媒介受众的基本素质，使其能够无障碍地赢得各种播出平台的青睐。换句话说，那些具备良好“融合性”的电视节目形态在为电视节目的内容生产预设好了完备的物理制播结构的同时，也搭建了为受众喜闻乐见的心理结构，正是后者的强大共通性为节目融合力的生成奠定了最终的基础。至于如何通过开发和优化电视节目形态来提升其自身的融合力，无疑是一个崭新的视角和思路。今后电视节目融合力的打造不仅要在受众细分和“内容为王”上下功夫，更要积极寻求更为多样和完备的节目形态，以此获得电视节目产业模式创新的契机与可能，推动电视媒体和新媒体之间的融合与互构关系的形成。

（二）节目营销维度的融合之道

从整体来看，电视节目融合力的出现不仅要控制生产环节，更要考虑如何在节目研发期间就做好基于“媒介融合”思维下的营销趋势预测，把电视节目注意力这一“终端资源”提前，并最终转化和提升为电视节目和电视机构的实际收益。当前，大量媒介实践数据已经显示，电视媒体应当坚持走自身资源与强大的网络技术相互支持的合作之路，在将各种媒体优势进行整合的过程中，实现电视品牌节目的多媒体的联动与互动，最终为电视节目的品牌营销创造出不容替代的核心价值。比如纪录片《舌尖上的中国》在播出前一周便开展了网络营销攻势，几乎所有网站都在帮助其炒热度，而播出进行中的一周各大网站更是不遗余力地重推。最终，《舌尖上的中国》收获了连自己都始料未及的关注度和影响力，更为中央电视台的纪录片频道进行了最直接和最有说服力的市场营销。对于电视和新媒体在营销领域的融合，会实现冠名赞助和植入广告的营销平台扩大，广告到达人群增加，节目营销推广实现了点播量级的快速提升。当然对于电视节目的市场营销及相关问题，本书还将在后面的“市场力：电视节目能否在媒介竞争中制胜”一节中进行更为深入和全面的探讨。

（三）人力资源维度的融合之道

毋庸置疑，随着网络技术融合的快速升级，新旧媒体携手共同进入了一个全媒体时代。而这种跨时代的现实景象也给传统媒体的从业者带来了重新进行身份认知与认同的难得契机，而上述契机的出现首先是因为以电视为代表的从业者自身职业身份危机的出现。曾几何时，能够进入电视台是非常令人艳羡的，无论是工作环境还是工资收益抑或是社会地位，电视人在相当长的一段历史时期里坐享了各种职业荣誉。但新媒体的崛起令这一切变得越来越缺乏持续的现实依据。目前，从各大电视台辞职，继而转投到各大新公司已经不再是新闻。相对于电视台，新媒体更具诱惑力的薪水、更有创造力和激情的制作空间、更完备的激励制度都为这种职业选择增加了说服力。对电视媒体来说，这种人才上的流失则意味着在新媒体技术和资金的双重夹击之下未来的前进之路将更加曲折。为此，电视媒体必须高度重视人力资源管理的融合转型，以挽留住更多的优秀电视人。具体来说，一方面，电视媒体要充分认识到新媒体在提供运营、产品开发、技术保障等方面的人才优势，尽可能多地为新旧媒体从业者创造相互沟通和相互学习的机会；另一方面，电视媒体的人事改革也必须围绕有效激发从业者的工作活力而展开，在薪资、福利和待遇平等方面进行顶层设计，尽量避免出现继续伤害电视从业者积极性的情况出现，避免被动的人员流动导致的电视节目生产质量的进一步恶化。

（四）媒介文化维度的融合之道

在对电视节目生产与传播的考察中，我们不难发现由于我国电视媒体用人机制的限制，近十年来电视从业者中新加入的青年人数量远不及各种新媒体。受此影响，电视媒介组织内部极易产生对主要由新媒体推动的融合趋势的“文化隔阂”与“文化抵抗”，严重时甚至会产生某种“文化壁垒”，从而深刻影响电视节目的日常生产与创新。比如电视媒体的组织企业文化带来的文化差异性，会对电视节目产品的文化属性有着潜移默化的影响，电视媒体人要保持警惕，不断地放眼圈外，了解同行业其他媒体的创新文化和发展动态。对于上述不同媒介差异导致的文化冲突与文化矛盾，电视节目的生产者和管理者要努力克服和消除新旧媒体之间的文化差异，在“竞”与“合”之间积极寻求平衡与合作的可能性。

第五节　市场力：电视节目能否在媒介竞争中制胜

在电视节目影响力评价体系中，较之吸引力、品牌力、引导力和融合力，市场力显然是最能够直观反映电视节目在媒介竞争中的状态和地位的指标。从当前我国的传媒实践来看，“电视节目市场”可以细分为电视节目广告市场、播出和收视市场、制作市场和交易市场等，因此市场力也必然覆盖和辐射上述领域。在本书的研究中，主要将传媒经济学的视角作为研究电视节目市场力的主要理论工具，从以下基本分析框架着手对市场力进行分解，分别是电视节目广告市场力研究、电视节目收视市场力研究、电视节目制作市场力研究和电视节目交易市场力研究。

一、对电视节目市场力概念的解析

在对电视节目市场力进行深入研究之前，作为研究的起点，非常有必要对我国电视媒体产业化和电视市场的发展历程进行简要的梳理，毕竟正是基于前两者的背景与环境，电视节目的市场力才得以充分发挥作用。按照学者宋蕾的研究，20 世纪 70 年代以来，包括电视在内的中国大众传媒的变革实质就是大众传播媒介的产业化过程，其主要涉及广告经营、节目经营、多元开发、资本多样化等方面。但是在上述电视产业化的过程中，电视公共管理体制无疑是最敏感的领域，“文化产业化的大环境为政府推动电视公共管理体制指明了一个坐标，那就是以产业化为方向，以市场为导向，在政策法规的约束范围内，政府需要逐步废除对媒体经营行为的指令性规定，与媒体经营保持‘一臂间隔’”[①]。

电视节目市场力的形成并非一帆风顺，我国特定的社会经济体制和传媒属性都从根本上决定了包括电视在内的大众传媒进行产业化和市场化的尝试充满了诸多不确定的因素。当然，今天电视节目市场力还是不可遏制地成了影响电视节目影响力评价的重要指标，因为其内在的动力与活力正成为我国电视节目发展的重要源泉。

（一）电视节目市场力的内涵

顾名思义，电视节目市场力反映了电视节目在媒介市场竞争中的综合素质，是掌控电视节目生产和交易等诸多环节的价格能力。事实上，举凡参与电视节目传播和流通的机构和组织，都希望增强自身的市场力，以获得对于电视节目运营价格的定价权。电视节目的市场力不仅是对节目品质高下的体现，更直接反映了电视节目对市场各方需求的满足程度。换句话说，电视节目的市场力并不单纯由节目本身来决定，在某种程度上，广告主与受众对其操控更具决定意义。例如，曾几何时，电视读书节目、美术节目、诗歌散文赏析节目，尽管其主题、题材、形态等均可划为“高品质”阵营，均体现了电视媒体的社会责任与高雅品位，但节目市场却对此报之以“淘汰”和“下课”。然而，电视节目的市场力所追求的经济效益并非不受任何约束和引导，在我国，电视节目仍然要以创造社会效益为首要宗旨，任何不择手段、靠恶意竞争而壮大的市场力都将引发整个传媒生态的恶化，市场力的“双刃剑”对电视文化的戕害必须得到规避与纠正。

（二）电视节目市场力的时空外延

电视节目市场力具有比较广泛的时空外延，这既是由媒介市场众多环节和要素构件所导致的，又体现了电视节目市场力形成的各种可能。从空

① 宋蕾：《中国电视节目市场概论》，中国传媒大学出版社，2008年版，第29~30页。

间上来说，电视节目的市场力反映了电视节目在生产和交易某一环节或各个环节的定价能力。比如同样类型的歌唱选秀节目 A 和 B，两者同时委托给一家制作公司，其制作费用的差异就体现了节目市场力的不同。同理，还是 A 和 B 两档节目，将视频版权分别出卖给某一互联网网站，其版权交易费用的差异也源于节目市场力的不同。而从时间来看，在产业链的不同时段内，一档电视节目的市场力也不尽相同，其动态地取决于市场对电视节目的反响和反馈。

二、市场力指标与电视节目影响力评价体系

（一）将市场力指标纳入电视节目影响力评价体系的意义

综观电视节目影响力评价体系的“五种力量”，市场力指标在定量层面上最具直观性。特别是在电视媒介市场越来越发达的今天，拥有市场力的话语权便意味着电视节目在竞争中保有优势地位。众所周知，电视节目走向市场是电视发展的必然方向，每一档单独的电视节目所汇聚的市场力最终将凝结成电视播出平台或电视制作机构的整体市场力。环顾目前处于省级卫视竞争第一梯队的湖南卫视、浙江卫视、东方卫视等，不难发现其各自拥有具备强大市场号召力的多档节目，正是这些节目所累积的市场力奠定了今天卫视之间的竞争排序。而相反，那些市场力薄弱的省级卫视却不得不走上“让渡播出平台”“被动制播分离”的道路。省级卫视与某些实力雄厚、经验丰富的制作公司展开全方位的改版合作，不仅有机会打造出更多为受众所喜欢的节目，而且还会在市场力的运营方面寻得突破，真正达到求新求变的目的。总的来看，电视节目的“市场力”是对“吸引力”的本质肯定，是对“品牌力”的市场检验，是“引导力”加以约束的重要领域，更是“融合力”的效益体现。

（二）与市场力有关的评价要素

1. 广告创收

目前传统电视台的收入主要来源于三个方面，一是总体数量有限的政府拨款，二是增量非常缓慢甚至几乎可以忽略不计的有线电视收费，此外最重要的就是广告收入。从某种程度上说，作为电视行业赖以生存的基础，提高广告收入是电视媒体开展节目生产和经营的动力源泉。“2019 年 1 月 24 日，在湖南广播电视台广告经营管理中心召开的 2018 年终总结会上，湖南卫视的广告收入被正式公布。……2018 年，湖南卫视广告经营取得了亮眼业绩，卫视广告部实现全年创收 86.8 亿元，比 2017 年净增 6.8 亿元，增幅 8.5%。……2018 年，在宏观经济下行压力加强、同业竞争激烈、全国广告经营形势严峻的环境下，湖南卫视能够逆势上扬，成绩来得着实不易。”[①] 更何况成绩的取得还是在 2017 年广告收入已经下滑的情况下的回升。形势也并非都是如此喜人，一些相对弱势的省级卫视和绝大多数地市级电视台却越来越难以获得广告主的大额费用分配，在巨大的生存压力下这些电视机构努力试图发挥地域接近性和终端接近性的优势以寻求广告市场上的突围。

当然，总的来看，当前我国电视节目品牌与广告品牌所形成的战略联盟日益稳固，而为电视节目支付了高额冠名费、植入广告费、奖品赞助费的广告主们常常会影响电视行业的整体运行，且有越来越多颇具战略眼光的广告主开始策划和尝试电视节目在以互联网为代表的新媒体进行广告分销。在广告主看来，不同渠道交叉收看电视节目的受众与用户都将为自己带来广告收益，在收视率和点击率携手的状态下电视台和互联网之间的相互关系必将是鱼水相依的共赢关系。

2. 收视统计

关于收视率及其他综合衡量收视情况的指标前文已经做过了较多的阐

---

① 《湖南卫视 2018 年广告创收 86.8 亿，增幅 8.5%，台长发嘉（奖令）》，长沙信息通，2019 年 1 月 26 日，http：//dy.163.com/v2/article/detail/E6EIP4I30521VD0V.html。

释。在此只再补充强调如下两大问题：一是某些单位和个人为了追求经济效益，使用一些非法手段在收视率数据上造假，严重削弱了电视节目影响力的评估准确性，因此必须严格遵守第三方机构调查和收集数据的行业规则，在数据透明的前提下维护电视节目收视市场力的可信性；二是电视节目收视市场力的活性正在遭受受众结构、受众行为和受众社会文化属性等变化的严峻挑战，受众收视规模的绝对增长与其增幅的相对下降的趋势不断显现，电视节目影响力评价体系对此应予以关注。需要特别说明的是，在新媒体大行其道的今天，尽管电视节目收视市场力正在不断受到挑战和威胁，但事实背后的另一层真相则是，当新媒体行业不断地尝试各种类电视节目的长视频产品时，电视人也在短视频制作、图文生产等方面不断探索。从这个意义上说，电视在捍卫收视市场力的过程中，面临的挑战未必都一定具有致命性，电视节目影响力评价体系亟须为这种宝贵的电视媒体的生命力提供“声援”和“支持”，以引导其在与新媒体的竞争态势中巩固疆域、继续发展。

3. 内容制作

近年来，随着海外节目的不断引进，我国电视节目制作费用持续攀升。一些在中国电视收视历史上创造了收视神话的电视节目如《中国好声音》《我是歌手》《中国达人秀》等节目的制作费用更是高得令人咂舌。当然，也有原创电视节目摒弃了“奢华”的制作风格，转而坚持“小成本”路线。央视科教频道播出《中国汉字听写大会》后，收视猛增到该频道同时段平均收视的 4 倍多。作为暑期最热的大型娱乐竞技类电视节目，《中国汉字听写大会》的制作成本仅仅是《中国好声音》节目的 10%，且没有明星大腕的助力，如此平实、质朴的节目怀着“书写的文明传递，民族的未雨绸缪”的美好愿景，不仅引发了全民自检，更制造了点击量高达 18 万余次的微博热搜话题奇观，节目播出 6 小时便跻身微博话题电视节目排行榜首位。而对于总冠名商的诺亚舟优学派，节目的持续热播让其教育品牌更加深入人心，其巨大的广告收益不言而喻[①]。

通常认为，电视节目的投入成本越高，其制作会更精良、受众反响会更强烈。但《中国汉字听写大会》的个案说明，一个好的、能够填补节目制作市场空白的创意才是决定收视率高低的关键性因素，而精良的道具、舞美、全方位的包装与推广显然是“锦上添花”的因素。电视节目制作的核心价值首先也必须是创意，这是锻造电视节目制作市场力的不二法则。

4. 节目交易

通常，衡量一个品牌的价值高低有几个标准，其中一个是附加价值，另一个是品牌的出售价值，也就是品牌本身的市场交易价值[②]。前者体现了一家电视机构具有的持续盈利的能力，而后者则展示了其与同类型节目竞争之下的比较优势。关于电视节目的交易价值，一般可以分为两个层面加以讨论，一是电视节目的版权交易，二是电视节目的整体打包出售。目前央视和很多省级卫视都已尝试进行过电视节目的版权交易，当然这个交易的过程也在逐渐地走向规范。事实上，作为电视节目价值链的前提与核心，电视节目的版权交易弥补了电视经济补偿渠道单一的弊端，绝对是需要电视媒介组织重视和深度开发的“厚利润区”[③]。而关于电视节目的整体打包，曾几何时，播出平台也即电视台拥有绝对的定价权，但时至今日随着各大民营制作公司的迅速崛起，其在事实上已然具备了与电视台讨价还价的能力。

今天，内容跨界、资本跨界、市场跨界的成功案例比比皆是。通过内容产业的N次售卖，电视资本完全可以在更为广阔的市场交易平台上实现价值的最大化。而这也成为对电视节目交易市场力的准确描绘。为电视节目找到更多、更优质的交易平台显然是充满希望的实践领域，而在这方面我国的电视业目前仍处于仅仅能够进行“版权输入”的低水平和浅层次。

---

① 《制作经费是好声音的10% 中国汉字听写大会登热门榜》，环球网，2013年8月9日，http：//ent.huanqiu.com/yuleyaowen/2013-08/4229547.html。

② 王洪田：《光线十年》，花艺出版社，2011年版，第243页。

③ 罗锋：《电视节目版权交易：可供深度开发的“厚利润区”——兼析电视版权交易路径选择》，《现代传播》2009年第1期。

从某种程度上来看，我们不仅缺乏相当数量的、拿得出手的、成熟的节目模式，而且对于相关节目模式版权的专业推广和法律保护我们也缺乏规范和经验。总的来看，未来要促进我国电视产业的良性、健康和可持续发展，必须建立和健全电视节目模板的著作权保护制度，防止抄袭、剽窃、盗版、侵权等行为的发生，既尊重别国电视节目的版权，也切实保障我们自身的权益，并在此基础上努力提升我国电视节目专利形态开发的数量和质量，最终以此为突破口积极探索扩大我国电视节目海外影响力的正确路径。

5. 本土改造

“电视节目本土改造”，顾名思义，是指电视机构为了适应本国受众的审美趣味、收视需求和文化心理等，对引进版权的电视节目所做的当地化策略，是电视文化生成进程中的“转基因”尝试。近些年，随着版权引进贸易的不断升温，我国电视节目的来源日趋多元。在引进国外知名电视节目的过程中，一些电视节目并未深入了解不同国家、不同地区受众的文化和心理差异，一味照搬原版模式和流程，导致一些节目随高额引进却遭遇水土不服的窘境，并在一定程度上造成了资源的浪费。作为一种新形势下必备的市场素质，“电视节目本土转换力”不仅需要电视节目采购人员和制作人员深谙并尊重本土的人文环境，注重对本土受众地域特色的开掘，而且需要在节目中努力渗透和融入原版节目的精髓和气质，并在此基础上进行必要的节目改造。

在这方面，很多节目堪称典范。比如湖南卫视的大型户外亲子体验真人秀节目《爸爸去哪儿》，是韩国 MBC 电视台的《爸爸！我们去哪儿？》模式引进后的中国版本。这档节目以父子或父女关系为切入点，对五位明星家庭的三天两夜的乡村生活体验予以忠实记录。自开播以来，《爸爸去哪儿》一夜之间成为街头巷尾热议的话题，节目的美誉度较高。对比原版节目，湖南卫视在很多重要方面进行的“本土对接”。比如湖南卫视版本在尊重原版的情况下，增加了侧重考验明星带孩子的能力，并向受众传递正能量，让更多的人更加重视亲子之间的交流与互动。可以说，湖南卫视的改造恰好契合了当下中国“独生子女”的家庭现状，给很多正陷入育儿困惑的年轻父母诸多启发和帮助，而节目中手忙脚乱经验能力不足的父亲在陪伴孩子的过程中不仅收获了孩子的信任和爱，也是对父亲这一家庭和社会角色的重新体认。节目的播出对于不少父亲角色实质性缺少的家庭来说也是一种善意的提醒，是对家庭教育经验的大众化传播，因而出现了即使节目不是在黄金档播出依然吸引了众多家长主动带着孩子一起观看的景象，而这恐怕也是湖南卫视此次对引进节目进行成功的“本土化”改造的关键所在。

三、电视节目市场力的主要研究维度

（一）从产业链条出发锻造电视节目市场力

事实上，一个成熟的电视产业市场往往依靠的是一个以电视节目贯穿始终的传媒产业链，在这个产业链条的上游、中游、下游分布着由制片方、节目分销商和交易机构、播出平台和衍生产业运营商等构成的若干市场，其中节目处于最为核心的位置。基于上述观点，首先只有具有前瞻性的节目研发才能导引出符合市场和受众需求的节目制作，进而能以理想的价格销售出去，最终再开发出能够创造更多价值的衍生产品。对于电视媒体来说，通过积极开发产业链以充实自身市场力的做法不仅能够为节目带来更高的收视率，而且也能为电视媒体本身带来更多的经济效益。

1. 研发

作为电视节目产业链的最初环节，研发水平的高下几乎决定了电视节目市场价值的所有方面，那些富有创新意义和能够真正满足社会、市场和受众三方需求的节目研发是电视节目市场力的真正源泉。从某种程度上说，开发或者引进一种新的节目模型，就几乎等于创造了一个全新的收视市场，随之而来的则是围绕节目的新形态、新功能而出现的新话题和新服务，最终该节目也将凭借这种研发上的变革收获电视节目营销上的价值。

事实上，任何电视节目的研发都不能是凭空想象的，电视媒体和相关制作机构通常要在节目策划之初进行比较周密和细致的市场调研以收集受众直接的收视数据及其生活形态的间接数据。传统上，这种数据的收集主要依赖大规模的受众市场调查，但随着社交媒体生活方式的出现，越来越多的受众会在网络论坛、微博和微信朋友圈的聊天中吐露自己对某一档电视节目的偏好，这种现象在很多节目的直播进程中，甚至会被电视台以滚动字幕的形式加以呈现，成为一种“受众＋电视节目＋社交媒体”三位一体的新型收视场景。当然，“任何节目在创办之初都要进行盈亏平衡点的评估，否则，将陷入财务赤字的无底洞。只有不计成本地宣传节目或许才不需要评估节目的盈亏平衡点。……在节目的研发阶段，节目的制作者就要对节目的增值方式和增值能力进行指标性的预估，从而决定节目的上下和投资的大小，并提前做好相应的准备。”[①] 换句话说，电视节目的研发不能仅停留在内容和形态的创意层面上，更要对节目的盈利问题做出前瞻性的设计和预测，从而有效规避“经济风险”。

2. 制片

在我国，电视台目前是最主要的电视节目内容的制作者和提供者。除此之外，一批规模不等的社会民营节目制作机构和某些海外传媒集团也正在组成不容小觑的重要的制片团队。一般认为，电视台在新闻资讯、社会访谈以及一些大型公益节目活动等领域拥有绝对的制作优势，而后两者则在电视剧和综艺娱乐节目方面的创作中日渐强大。对于电视台来说，自制节目、通过委托制作和购买交换来的节目共同构成了节目来源，而作为播出市场的重要补充，近年来购买节目也已逐渐成为电视台提高收视率的一条捷径。正是基于这种显著的传播效益，学界的很多专家对“制播分离”的趋势均持有积极肯定和大力推动的态度。

① 陆地：《电视节目研发评估系统的建立与应用》，《新闻爱好者》2013 年第 6 期。

尽管当前关于“什么是制播分离”和“如何开展制播分离”还存在一些认识上的分歧和实践上的差异，但可以确定的是，“制播分离”必将为电视节目内容的生产和电视节目交易市场的培育注入前所未有的活力和竞争力。这是因为，一方面，有条件的电视台完全可以在“制播分离”的过程中增强更多精品节目的自主生产能力，树立和强化自身的品牌形象；另一方面，在“制播分离”政策的鼓励和扶持下，越来越多的民营节目制作公司将迅速崛起，进而形成更为完备和专业的产业价值链条。

3. 销售

在当前新的传播环境下，将电视节目推广本身“内容化”几乎成为电视圈的共识。换句话说，采用电视节目的话题营销策略，提升媒体、受众的关注热度和市场占有率。有市场力的电视节目一般有自己的专职推广团队和成员，根据节目的内容、播出进度、社会热点和受众反馈，在社交网络上不断地制造各种话题，大大拓展了电视节目的市场知名度。然而，就整个的传媒市场而言，高水平的研发和制作人才相当缺乏，好的电视节目营销人才就更少了。这和长期以来我国电视节目生态中播出平台和收视资源的垄断有着直接的关系，“皇帝的女儿不愁嫁”使得电视节目制作后根本不用发愁谁来看。但是，随着电视台企业化经营以及众多民营电视制作组织间竞争的白热化，不推销就会血本无归已经让“话题销售”环节的重要性提升到了前所未有的高度。当然也应当指出的是，目前一些娱乐选秀节目的“话题营销”出现了低俗化的倾向，“毒舌”评委之间的恶语相向、当众冲突，评委与选手之间的绯闻、矛盾等噱头被频繁使用，几乎难以有效激发受众的注意力。

除去对节目本身的销售，构成电视节目影响力的指标维度还包括对广告的销售。电视媒体具有的庞大的用户基数，电视节目的美誉度和公信力会吸引互联网品牌和快消品以及电子产品等持续投放广告，且头部综艺节目和知名的文化综艺节目中保持着吸金的年度增长的态势。在广告销售的环节里，电视媒体也是使用了各种方式，如电视台推广招商会、优质资源推介会、媒体说明会、企业联谊会等方式来提升广告利润。需要说明的是，今天促使企业广告主跟进投放电视节目广告的极为重要的因素之一还有电视节目网络独播权所蕴含的巨大商业价值。通常情况下，一档热播的电视节目在尚未开播前的招商就已经收回了成本，无限的广告点击率所带来的利润有时远远超过有限的收视率。

4. 衍生

在我国，基于环环相扣的完整产业链和市场价值链展开的对电视节目的衍生开发才刚刚起步。在日益健全的市场运作过程中，电视媒体和制作机构力图通过为受众和客户提供优秀的电视节目这一富含价值创造的活动与服务形成电视节目强大的市场力。而在美国，“电视节目版权的衍生品市场非常发达，不仅有许多品牌动漫形象玩具、日常消费品（如食品，服装等）、主题公园、印刷出版物，还有众多知名的收视率调查咨询机构等，它们形成了一个完整的版权价值产业链模式。美国的版权衍生业甚至成为支柱性产业之一，市场的总量每年都在数百亿乃至数千亿美元以上”[①]。在中外的比较研究中，我们完全可以预见到庞大的中国电视节目生产一旦加快产业链衍生，必将推动市场的全方位升级。

一般认为，电视节目的衍生既包括节目本体的直接衍生，也包括该节目播出平台进行的间接衍生。前者的情况比较常见，比如围绕一档成功的电视音乐节目而进行的全产业链衍生，除了授权网络的衍生节目、数字音乐版权合作、选手代言的广告，还可以尝试各种线下演出、城市巡演、音乐节、大电影等，还有可演艺互动的音乐吧、KTV等。而对于节目播出平台进行的间接衍生则常常体现为某一个节目带动起某一频道的整体收视和大台的崛起。

总之，我国的电视节目的内容产业链正在不断开发和完善，从节目的立项、选题策划、制作剪辑、播出运营到相关文化创意衍生品的开发、相关品牌的授权产品的线上线下的销售及关联服务的拓展。在上述将电视节

① 周根红：《美国电视节目版权的开发与利用》，《电视研究》2009年第9期。

目产品转化为系列商品的过程中，电视节目的市场影响力将获得无限的生机与活力。

（二）从整合营销出发锻造电视节目市场力

在当下的媒介环境中，单纯的电视节目市场力显然是不存在的，它需要整合营销的手段对多种传播要素、各种传播形式进行集中、综合与协调。事实上，“整合营销下的传媒业，是一个以市场为导向的创意产业，其市场导向论的关键在于真正重视受众和客户的诉求和行为反应。通过与受众和客户的双向沟通，建立起长久的相互营销关系，在市场上树立传媒品牌的竞争优势，从而提高受众和客户对传媒品牌的忠诚度并扩大传媒的市场份额。”[①] 而具体对于电视节目来说，要想赢得整合营销传播效果的最大化和最优化，也必须明确将受众或者消费者作为一切营销活动的核心，尝试达成一致的传播目标，传递符合双方利益与需求的营销信息。当然电视节目的整合营销相对来说更加讲究弹性、艺术性和软性，其避免直接强硬地对受众和消费者进行以倾销为目的的视觉和听觉的游说，而是巧妙地利用社会热点和关注形成吸附效应和围观效应，在与电视节目的内容与形态元素深度结合的过程中，赢得市场的青睐。

1. 明确与电视节目相关的利益群体

电视节目整合营销的前提一定是要明确和掌握与其相关的全部利益主体，唯有此方能有的放矢地开展营销服务。从整体来看，电视节目产业链条上的每一个环节都对应一个利益主体，整合营销就从整合利益主体开始。整合利益主体实际上面临两大关键问题，一是将线性时间置换为横向时间，节目研发方、制片方、发行方等都要在同一时间维度中展开对话与合作，研发时就设计着节目如何推广出去，营销时就策划着节目如何进行衍生开发……整合营销要将事前、事中、事后统统调整在一个系统之内，唯有此

① 伍康希：《传媒整合营销理论与实操》，暨南大学出版社，2010 年版，第 24 页。

才能真正做到利益彼此兼顾、风险共同分担。二是相关利益主体的整合必须充分考虑受众或消费者的行为偏好，特别是其媒介使用习惯的变化。毕竟忽视受众或者消费者存在的电视节目整合营销将成为无本之木、无源之水。电视节目的整合营销对于数字时代的“口碑营销”“微博营销”等不得不予以深度关注。

除此之外，电视节目影响力评价体系还应当对创造性地开发出电视相关利益主体的实践予以格外褒奖。对电视相关利益主体的“创造性开发”，主要是在对受众细分的基础上，引入“社会关系”的变量，即根据社会关系的种类，开掘和研发出可能的电视节目形态。可以预见的是，“关系说”势必成为未来中国电视节目可持续开发的关键所在，而全面满足各种潜在受众的各种诉求是电视节目整合营销的根本所在。

2. 形成内外协调一致的有效互动模式

在整合营销的视域里，“互动”是相当重要的概念范畴。只有“互动”得以存在，利益主体的诉求整合才能真正实现。互动的类型包括与受众的互动、与广告方的互动、与网络播出平台等的互动。电视节目与受众互动的方式与渠道越来越多，电视节目制作与发行方放低姿态，与受众交朋友，借助口碑营销，提高了市场占有率。一些运作比较成熟的省级卫视，如湖南卫视、浙江卫视等都会充分调动内部和外部的互动机制，通过某些广告商家的经销渠道、商家的网址、微博、微信，以及调动有合作关系的广告公司、平面媒体以及网站等共同对某一档节目进行大规模的战役性宣传，节目增加了关注度，企业增加了产品和广告的曝光量，品牌形象得以优化，实现双赢的效果。从某种角度来看，“互动”模式的打造，不仅会为电视节目市场力的实施与延伸注入新的可能，而且还会最大限度地开发电视节目内部和外部资源中有增值潜力的部分。比如电视台的广告经营部门与电视台节目制作部门、与广告代理公司、与新媒体营销部门之间的相互联系正日趋紧密，前者可以从广告经营的角度向节目制播人员提出建议，而一些特别制作或对品质与形象有某些特殊要求的节目也可以对贴片广告、片花广告、新媒体平台的性质等提出自己的明确要求，这种电视节目内外协调一致有效的互动模式显然对于电视节目的整合营销是具有积极影响的。

（三）从制播分离出发锻造电视节目市场力

在广电媒体内部，制播分离始终是一个敏感而又充满热议的话题。在市场化的背景下，有人坚信制作单位和播出单位的分离势必会提升电视节目的整体水平，扩充节目来源；但也有较保守人士认为，制播分离仅仅具备形式上的意义，关键是要引入竞争机制，一旦有了竞争，即便是在电视台内部同样可以带来更多精品节目的出现。也正是由于上述认识上的分歧，制播分离尽管被学界呼吁了很多年，但尚未形成统一的政策加以广泛实施。但是，不可否认的是，聚合全社会的力量进行电视节目的创新研发，确实提高了电视节目的生产效率，节约了成本，使电视节目更好地满足了受众日益多元的收视需求。近年来，央视也已开始频频效法省级卫视，在激烈的市场竞争中深入尝试系统之外的“真的”制播分离，以期收获更高的节目影响力，与实力越来越不可小觑的省级卫视展开更为有力的竞争。

（四）从媒介融合出发锻造电视节目市场力

从一个时期以来的电视传播实践来看，电视节目制作单位都已经充分认识到了包括门户网站、视频网站、微博、微信等在内的多种互联网以及新媒体、新终端在锻造电视节目市场力方面的重要作用。从这个角度来说，在当前媒介融合的大趋势下，电视与其他新媒介类型交叉传播所激发的市场力具有更为强大的辐射效能。而广告赞助商、投资商也会更加关注电视节目所具有的市场力是否覆盖面更广、效率更高以及呈现方式是否更加多元。

事实上，媒介融合对电视节目市场力进行的开掘几乎囊括了节目策划、节目制播、节目推广等全部维度。一些热门电视节目的“粉丝”的影响力和忠诚度几乎都会从传统的电视节目载体移植到互联网上，而获得网民的共鸣与认同、实现网络人群与电视人群最大限度的重合率也成为稳定甚至扩大电视受众市场规模的重要路径。

而在电视节目的项目推广和运营方面，电视媒体或节目制作公司都已经有较为成熟的方法体系。最早的节目推广甚至始于尚未正式制作的官宣环节，从制作团队的成立到项目的合作方的确认再到节目嘉宾、导师、评委的加盟，都成为微博或新闻媒体的话题。在节目录制过程中，各种视角的剧透与花絮的爆料，更是调动起网友的好奇心，让其成为节目的免费且庞大的推广团队。在节目播出前夕，发动或邀请各种媒体资源与自媒体账号全方位立体式营销。在节目播出期间，通过微博、短视频平台持续高频率的曝光，保持节目热度；在节目播出后，亦会利用粉丝的关注在网络上扩大节目收视的长尾效应。而在媒介融合技术不断创新的环境下，电视媒体现有资源亟待与新媒体进行广泛而富有深度的盘整，以促进电视节目市场力的不断提升，实现传播效益的最优化，最终搭建起以电视节目为核心的媒介融合的发展架构。

第二章　电视节目影响力评价体系

第一节　电视节目影响力评价体系的建模方法论

一、电视节目影响力评价体系的建模说明

在媒体融合的全媒体时代，受众接收电视节目的终端多元化，传统的电视已经不再是唯一的收视来源。在多屏环境中，媒介即讯息，电视节目的各种信息正在影响着受众对节目的选择和评价，这些都应该在新的时代进行分析和研究。电视节目的影响力是使受众主动接触节目（观看、点击、讨论节目和传播节目信息等）和与节目互动（交流反馈、消费节目衍生产品和服务等）的能力。从电视节目影响力评价体系的建模要求来看：

（一）带有整合性质的综合评价体系

目前电视行业对收视率指标的过度推崇，广告市场以收视率作为通用货币，单一收视率指标的过度使用，使得一些电视节目制作方、广告商和受众趋向于娱乐节目，由此导致电视节目文化内涵和社会责任感的缺失，这不利于社会的进步与发展。电视节目影响力评价体系要争取克服单一收视率指标的弊端，不以经济和商业利益唯上，通过对既有电视节目质量评价或电视节目收视率分析等指标体系的有效整合与利用，或者加以校正和增加新的方法和评价指标来完成评价任务。同时由于传播技术的进步和受众收视方式的多样化，电视节目的内涵有所变化，那些经由网络等多媒体

平台播出的电视节目，也在本书的范畴之内。

（二）对媒体融合发展趋势的积极回应

2014 年 8 月 18 日，中央全面深化改革领导小组第四次会议审议通过了《关于推动传统媒体和新兴媒体融合发展的指导意见》。习近平总书记强调，“推动传统媒体和新兴媒体融合发展，要遵循新闻传播规律和新兴媒体发展规律，强化互联网思维，坚持传统媒体和新兴媒体优势互补、一体发展，坚持先进技术为支撑、内容建设为根本，推动传统媒体和新兴媒体在内容、渠道、平台、经营、管理等方面的深度融合，着力打造一批形态多样、手段先进、具有竞争力的新型主流媒体，建成几家拥有强大实力和传播力、公信力、影响力的新型媒体集团，形成立体多样、融合发展的现代传播体系。要一手抓融合，一手抓管理，确保融合发展沿着正确方向推进。”① 在此精神指引下，电视节目影响力评价体系在体系构建中突出强调媒体融合的时代背景和实际影响，并以此为核心完善指标体系和评价应用指导。2019 年 1 月 25 日，中共中央政治局的第十二次集体学习进一步探讨了全媒体时代媒体的创新发展。电视节目影响力评价体系是跟随时代进步的正确的研发，也将在实践中进一步得到验证和完善。

（三）具有客观立场的计算模型

电视节目影响力评价体系主导机构不能被人为操纵，既不是与电视媒体机构有直接的商业附属关系，也不能附属于与电视节目市场有关的投资机构或商业组织。它应该是具有一定独立性的，这种独立性并不意味着所有数据来源是排他的和完全自主采集的，只是要求第三方数据来源要合理，数据是能经得起市场检验和客观有效的。自采集数据应该有完善的科学的流程规范和数据统计方法说明，以备多方核验。在数据的整合利用和运算

① 《共同为改革想招一起为改革发力　群策群力把各项改革工作抓到位》，新华每日电讯，2014 年 8 月 19 日，http：//news.xinhuanet.com/mrdx/2014-08/19/c_133566516.htm。

分析中应该做到客观、独立，相关数据分析有自动化程序化的运算，排除人工统计带来的误差。通过各项指标统计计算，完成数据分析得出的结论应该有一定的信度和效度。依据此标准来构建的电视节目影响力评价指标模型应该做到客观可信。

二、电视节目影响力评价体系对四大社会需求的满足

（一）对受众需求的满足

从传播学研究可见，受众早已不是魔弹理论中被动的信息接收者，而是积极主动的信息接收、加工和传播的主体。因此，受众对高品质、有社会影响力的节目有着较高的需求。电视节目影响力评价体系可以引导受众观看那些对社会有积极影响的节目，规避那些靠噱头和绯闻话题炒作等吸引受众的节目。同时，不同受众根据自己常用媒体的习惯，对电视节目收看方式、收看类型等都有不同的特点和要求。特别是在互联网、通信、广播电视产业等技术不断进步、衍化、融合的背景下，电视节目影响力评价体系对上述习惯能够给予相应的专业指导，引导受众更科学理性地审视节目，从而选择有利于自己的节目类型。

（二）对媒体需求的满足

有了电视节目影响力评价体系提供的科学、合理的电视节目评价标准，电视台和制作公司在制作、购买和播出电视节目时可以有所参考。从电视台来看，自制的电视节目成本投入巨大，如果能提前对电视节目的影响力进行有效的预测和评估，在节目开播以后，及时收集有关节目的影响力评价信息，提供给相关部门和机构，那么其在电视节目播出和营销等各个环节就会具有主动权。尤其是在新媒体正日益渗透到各种节目制作中的情况下，电视节目影响力评价体系可以帮助其他媒体在与电视媒体开展业务合作时做出正确的抉择。例如视频网站在首页推荐电视栏目时，可以根据

影响力的大小，合理调整电视栏目的窗口位置，根据节目的影响力来源的分析，在节目的标题上设计看点，用热门关键词给节目设定标签等，这些都可以帮助视频网站提升相应的流量，并给贴片广告商带来更高关注度和收益。

（三）对投资者需求的满足

投资者包括广告商和其他相关产业开发商等。高投入与高产出的回报使得节目制作需要更多的资金支持。电视台自制节目需要广告运营商的大手笔投资，制播分离的节目需要考虑节目的播出收益，风险更大，所以能否有持久、可靠的投入是非常关键的。在节目制作前，如果有相应的影响力评估预测，可以帮助投资商做出更准确的判断。电视节目的影响力评价可以帮助投资者精准预测节目的预期受众，分析受众与目标产品消费人群的吻合情况，评估对节目的赞助投资预期带来的收益等，从而配合产品的营销推广策划。

（四）对政策需求的满足

当前，建立社会主义核心价值观，形成立体多样、融合发展的现代传播体系可以看作国家政策层、领导层为电视节目制播生产确立的根本任务与方向。而在这种政策背景下，电视节目影响力评价体系在吸引力、品牌力、引导力、融合力和市场力五个维度上建立起的参考标准，无疑能准确地为各个层次的广电部门提供评价参考和表彰等的依据，使电视节目的管理更加彰显科学性。其中，特别是引导力和融合力的提出，不仅对国家产业政策做出了高度的回应，同时也体现出学术研究对现实的引领作用，以及其高度的社会责任感。

三、电视节目影响力五项指标间的关系

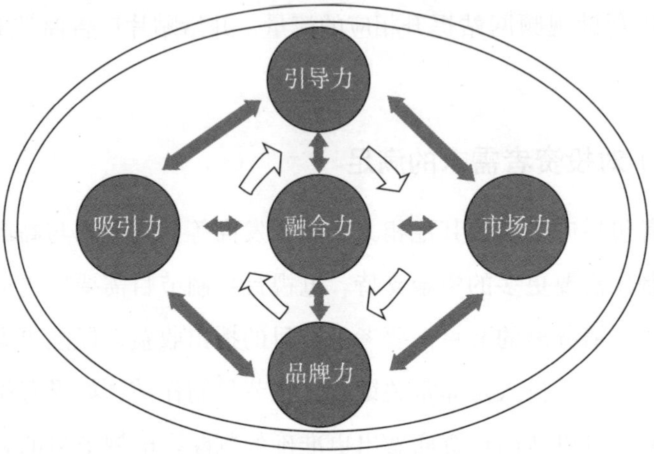

图 2-1　电视节目影响力五力模型

电视节目影响力的五力模型是一个力场，具有自组织系统、自循环机制和互动回馈机制，相互制约，相互促进。当一档电视节目的五力达到最优的组合，才能有更大的影响力。

（一）“五力”与影响力的关系阐释

1. 吸引力

电视节目的吸引力是其影响力生成的基础，体现为实际的收视行为。当吸引力过小时，由于节目品质内容的制约，节目的品牌难以深入人心，哪怕节目招商引资的宣传材料描述得再好，在网络上制造了短时的热门话题，都会导致节目整体影响力的下降。吸引力构成电视节目影响力的物理层面，同时也主要构成电视节目影响力评价的客观维度。“心理学将态度的改变分为三个步骤：认知、情感、意愿。首先，通过认知我们得到对事物的认识；其次，我们产生对事物的态度，即情感；最后，我们根据态度对事物采取行动，即意愿。对应的传播效果的阶梯模式为：获知→认识→喜欢

→偏爱→相信→购买。”[①] 因此首先要保证节目的品质，让受众对节目产生注意，引发兴趣，才有可能获得受众发自内心的支持和好评，节目的口碑和美誉度才能传播开来，这也是节目融合力和市场力的根基。

2. 品牌力

在新媒体环境下，品牌力之于影响力的作用越来越重要。借助互联网等平台，电视节目品牌可能先于节目播出而确立。品牌力与影响力是正相关的关系，与其他四力的作用非常紧密，高品牌力的电视节目不仅证明了吸引力的价值，同时也在引导和融合以及市场表现方面依旧突出。当然品牌力又是影响力中带有鲜明成长性的变量，缺乏维护的品牌力面临流失的风险。电视节目品牌的知名度是通过节目组、电视台品牌推广部门以及广告商、节目运营合作机构等悉心维护共同打造的，不是一朝一夕就能妇孺皆知的。但如果节目缺少引导力的话，却有可能在短时间内造成节目品牌的损害和美誉度的降低，自组织理论中的突变论观点也证明如此。一档品牌节目的社会价值和商业价值是通过节目融合力和市场力的各种量化的数据指标来体现的，真正的品牌节目经得起收视、交易、广告等市场的检验。有吸引力的节目能保障节目品牌的生命周期中成长期的延长，从短期品牌变为长期品牌，从国内品牌成长为外销品牌。

3. 引导力

在电视节目影响力评价体系中，引导力是灵魂、是旗帜、是方向。引导力薄弱的电视节目，影响受众意识形态的功能也同样薄弱，对社会的建构能力更是无从谈起。在某种程度上，电视节目的引导力代表了一个负责任的媒体的品格和价值追求。对于电视节目的评价体系来说，能否通过引导力的构建来践行社会主义核心价值观，是评价体系能否在一个较长时期推动电视节目良性发展的关键所在。引导力并不是控制力，因为现代社会信息获取渠道是多元的，受众注重保持观点和态度的独立性，他们并不容易被媒体的观点完全左右。只有那些真正合乎受众的喜好、社会赞誉较好

① 胡正荣，等：《传播学总论》，清华大学出版社，2008 年版，第 250 页。

的节目才能获得受众的长期观看和关注，也就是说，引导力是建立在吸引力和品牌力基础上的。同时电视节目的营销推广要通过媒介融合的方式，才能潜移默化地引导受众成为节目的忠实粉丝和节目相关产品的消费者。

4. 融合力

电视节目的融合力不仅体现在内容上，还体现在渠道、平台、经营、管理等各个方面。融合力的生成是化解当前电视节目影响力疲弱的正确路径之一，它体现了媒介技术的迅猛发展对传统媒体正面、积极的影响。换句话说，在网络社会中，任何不以“融合”为追求的电视节目制播理念必将是落后的理念，其实践也必将为受众和时代所淘汰。在媒体融合的背景下，在新媒体的快速发展中，电视媒体不能故步自封，只有保持开放的姿态，兼收并蓄，融合其他媒介和商业营销推广模式的优势，才能有发展的不竭动力。电视节目融合力使得电视节目的开放系统不断输入新的物质、信息、技术和能量，保障了节目的吸引力扩大、品牌力增值、引导力和市场力的提升。

5. 市场力

市场力是电视节目影响力获得受众承认的一种体现。在将口碑转化为利润的过程中，市场力同样面临着价值选择和价值塑造，而正是这两点奠定了电视节目影响力评价体系的建设性。当然，市场力的形成还要受到其他社会性结构因素的制约和影响，比如说资本的力量、大众文化的力量等。因此，在电视节目影响力的综合评价视域中，对市场力要始终保持清醒的认识和基于其他社会发展规律的科学认知。在电视节目市场中，存在着节目同质化竞争和差异化竞争的情况，也会出现原本不同的市场，比如电影、出版、音乐、第三产业类型的餐饮、旅游等市场，通过协同方式与电视媒体行业实现利益捆绑市场均分。在电视节目市场力的发掘过程中，市场力作为影响力的系统要素与其他的影响力要素也有协同、竞争的关系。

（二）“五力”与影响力的逻辑勾连

本模型的设计思路是：把吸引力、品牌力、引导力、融合力和市场力五个不同性质的指标转化为同质的数据，然后进行数据组合相加，即可得到影响力结果。

$$I=\frac{I_1\times I_1'+I_2\times I_2'+\cdots+I_5\times I_5'}{I_1+I_2+\cdots+I_5}$$

上述的I_1、I_2、I_3、I_4、I_5分别表示吸引力、品牌力、引导力、市场力和融合力，I_1'、I_2'、I_3'、I_4'、I_5'分别为I_1、I_2、I_3、I_4、I_5的权重，该权重根据分项指标的对上级指标价值的大小进行权衡。I_1、I_2、I_3、I_4、I_5由不同的下一级维度组，它们各自之间也有着特有的逻辑关系。

通过对一二三级指标分别归类聚合，电视节目影响力评价体系模型模拟赋分后，确定最终的各级指标的权重。五个力构成 5 个一级指标，各有 100 分，共有 22 项二级指标，63 项三级指标，三级指标赋分主要根据 5 等级或 10 等级评分，进行打分汇总换算后变为同质数据，然后进行相加，即可得到影响力结果，满分 500 分。也可把总分值换算成百分制，以便进行内部相关评估指标的比较或统计计算。

依前所述，可以对每个一级指标单独打分，也可以对若干的一级指标打分，进行指标的相关性检验。根据节目播出的进度，可以进行过程性评价或播后评价。在单项指标上，可以在样片制作完成后，即可进行节目影响力分项指数预估，从而及时扬长补短和调整推广策略。

表 2–1　电视节目影响力评价体系三级指标

一级指标	二级指标	三级指标
吸引力	播出因素	播出形式、播出平台、播出档期、播出周期
	技术因素	摄像、音乐、字幕、舞美、剪辑、互动
	人的因素	主持人、嘉宾、选手、评委或导师、互动者
	功能因素	信息传播、审美娱乐、文化教育、社会服务、记录时代

续表

品牌力	版权品牌	原创节目＋国际化（版权引进＋本土化）
	制作团队品牌	电视台品牌、制作公司品牌、制作人品牌
	品牌建设	品牌传播、品牌创新
	品牌价值	文化价值、商业价值
引导力	舆论引导	确立舆论导向、开展舆论监督
	思想引导	观念体系、信仰体系
	文化引导	文化创作引导、文化消费引导
	行为引导	正向行为奖励、负向行为惩戒
	引导艺术	与时俱进、寓教于乐
融合力	内容融合	节目跨形态融合、节目跨媒介融合
	渠道融合	传统媒体渠道、新媒体渠道、商业渠道
	平台融合	网站、客户端、社交媒体
	经营管理融合	经营管理理念、经营管理模式
市场力	广告市场	广告单价、广告总收入、广告年增长幅度、同类节目广告竞价
	受众市场	受众规模、受众构成、受众忠诚度、受众购买力
	收视市场	收视市场占有率、收视市场增长率
	交易市场	节目交易、版权交易
	衍生市场	媒介产品开发、相关产品开发

第二节　电视节目影响力评价体系之吸引力的测量

一、吸引力的诊断性评价概述

（一）相关说明

首先，吸引力指标的设计更多地考虑到受众和受众的心理反应，这与从电视专业从业者的角度出发考察的技术指标会略有不同；其次，当前，电视节目具有的“娱乐性”是形成节目吸引力的重要原因之一，在本评价的设计中用“娱乐功能”来体现；最后，由于全媒体的播出格局，吸引力指标的计算不再考虑播出频道权重和节目类别权重。在目前的技术条件下，节目吸引力大小主要借用CSM的收视率和收视市场份额的数据测定来评判，亦可参照国家新闻出版广电总局广播电视节目收视综合评价大数据系统的30项指标中的核心指标数据。而随着收视率测评技术的进步，可以预见会有更多对电视行业发展有促进作用的第三方收视数据。因此本书中吸引力指标的设计和电视台内部节目评价打分的最大不同就在于主要考量了受众和市场的反馈。

（二）诊断指标结构图

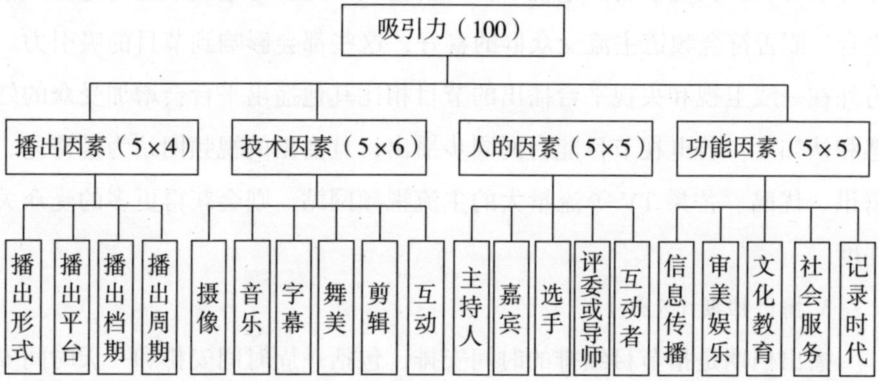

（三）公式

吸引力 = 播出因素分值 + 技术因素分值 + 人的因素分值 + 功能因素分值

二、吸引力的诊断性指标分析

（一）播出因素（20 分）

1. 播出形式（5 分）

电视节目以不同的形式播出会收获不同的效果和评价，仅仅以线性方式播出的节目和用全媒体形态播出的节目自然有不一样的收视效果，同时也会对受众的收看期待产生潜移默化的影响。节目的播出方式主要涉及播出的时长、是否有播出预告及宣传推广片、播出花絮、剪辑的短视频、会员专享的播出版本等内容。适宜的播出形式能有效地整合收视资源，促进广告收益，平衡电视节目的投入与产出。

2. 播出平台（5 分）

这里所指的电视节目的播出平台是节目播出的电视台频道和网站。受众有自己的收视习惯，在特定时间收看一般会根据自己的喜好优先选择电视节目频道。本地频道在新闻节目、生活服务节目上占有一定优势，省级卫视频道在电视剧播放、各种综艺节目、情感节目上往往更受受众青睐。中央电视台的各个频道也都有自己的收视特色，如新闻节目、文化类节目、体育节目和科教类节目。电视节目的类型风格是否与电视频道的定位风格吻合，能否符合频道主流受众群的喜好，这些都会影响到节目的吸引力。另外在一线卫视和央视平台播出的节目相比其他播出平台会增加受众的好感和认知度。若电视节目能台网同步播出，且播出的视频网站为爱奇艺、腾讯、优酷、芒果 TV 等流量大的主流视频网站，则会获得更多的受众关注度。

3. 播出档期（5 分）

播出档期是指节目编排的时间安排，包括一周时间安排和一天时间安排。周间播出还是休息日或周末播出（周五晚间到周六、周日），会有不同的收视表现。按照一般人的作息和收看电视节目的规律，可以将电视节目分出黄金档（晚 7 点至 9 点）、次黄金档（晚 9 点至 11 点），以及开发出午间黄金档（午间 12 点至 13 点）和早间黄金档（早 7 点至 9 点）。电视台播出节目的原则也是将自我评估为优质的节目资源安排在这些黄金档时段。一般视频网站播出的电视节目会延后几个小时，受众收视情况也大致符合工作日和休息日收视的规律。根据这些播出档期的规律，可以诊断出节目的时间编排对节目收视的影响。

4. 播出周期（5 分）

这里所指的播出周期是电视节目一周播出的次数和播出周期编排。一般节目的播出周期有日播、周播、一周两次播出等不同的方式。从节目的播出频率来看，一期节目多次重播的一般是有吸引力的节目。除了新闻类节目外，日播节目的收视率往往低于周播节目，这是和受众的心理预期和收视习惯有关。周播的节目往往意味着制作时间更长、节目的质量更佳。因此，可根据播出周期的差异设计评价的分值差。

（二）技术因素（30 分）

电视台的节目审查机制保证了播出节目的基本技术指标，根据电视节目的媒体相关报道、微博热搜和评论、公众号评论文章、社区论坛帖子等的受众意见来分析，对电视节目吸引力形成产生重要影响的技术因素集中在以下 6 个方面：

1. 摄像（5 分）

有吸引力的节目一般都会配备制作宝典，为摄像提供不同场景的标准构图，摄像师的工作可以更为精准。摄像需要注意动静关系、色彩光线等的协调和画面构图等。受众会对缺乏美感、镜头不稳、构图失衡、色调失真的节目大加挑剔，另外摄像设备的技术升级也对画质效果等有明显影响，由此可以根据标准摄像构图范例和摄像技术标准进行评价。

2. 音乐（5分）

有吸引力的节目配乐会变成节目品牌识别系统的一部分，当音乐与节目形成强关联性的联想后，音乐元素会成为节目的标志性元素之一。电视节目的主题曲、背景音乐、音效、片尾曲等的音乐形式会提升节目的品质。越来越多的综艺节目日益重视现场的乐队演出、音响效果，节目后期制作加入风格化、情绪化的背景音乐等。

3. 字幕（5分）

过去，电视节目的字幕主要是节目中人物的对话内容的再现，但2013年《爸爸去哪儿》第一季的字幕提高了节目的收视率，提升了业界对字幕的重视程度。参与节目字幕制作和合成的工作人员应该熟悉网络语言的发展趋势，富有想象力和创造力，善于挖掘节目的细节，赋予嘉宾典型的性格标签，通过拟人、类比、反语、联想、组合、比较等多样化思维，用富有生活化的幽默的语言，丰富节目的信息量，调动受众的注意力和想象力。字幕的水平高低，可以从语言的幽默、信息量和画面的艺术化等进行5等级打分。

4. 舞美（5分）

舞美是舞台美术的简称，“舞台美术是戏剧和其他舞台演出的一个组成部分，包括布景、灯光、化妆、服装、效果、道具等。其任务是根据演出要求，在统一的艺术构思下，运用多种造型艺术手段，创造剧中环境和角色的外部形象，渲染舞台气氛。”[①] 在各种演播室节目中，工作人员精心设计各种道具，科学安排舞台升降装备，在安装角度、光线强弱、布光的对比关系上标准化操作，将每个细节变成节目的亮点。对于户外节目来说，则具体表现在灯光、游戏道具的准备、化妆、服装、布景等方面，这些都是有吸引力的节目的舞美特征。

5. 剪辑（5分）

剪辑不仅是艺术和美学的结合，还是技术研究的体现。同样的节目素

---

① 《辞海》缩印本，上海辞书出版社，1989年版，第234页。转引自代桂艳：《浅谈舞台造型技师的综合修养》，《戏剧文学》2003年第11期。

材不同的后期剪辑团队做出的节目成品会有不同的效果。在电视节目影响力的评价中，可以通过引入样片测试的做法，提前了解受众对节目的喜好，从而帮助剪辑人员根据受众需求编排内容，制作出更加符合受众审美的节目。有吸引力的节目中一些原本无趣的环节会在剪辑师手中变成“神剪辑”的范本。

6. 互动（5 分）

电视节目中的互动有多种类型，包括主持人和现场观众的互动，主持人和嘉宾的互动，现场观众通过手机、投票器等参与打分投票等互动，电视机前的受众和线上的网友可以通过多种技术手段进行节目互动。互动性的增加，体现了电视媒体在新媒体环境下的自我提升，因为在互联网技术大行其道的今天，媒体的互动性将成就其影响力。

（三）人的因素（25 分）

人的因素是有吸引力的节目的完备特征，对于一些仅有主播的新闻节目、没有导师和选手的谈话节目、缺少节目嘉宾的节目自然也就少了些吸引力的分值。

1. 主持人（5 分）

节目类型不同对主持人形象的要求也不同。主持人的个性心理特征包括气质、性格与能力几个方面，涉及主持风格、性格特点、语言、阅历、亲和力、主持功力等。富有吸引力的主持人是富有吸引力的电视节目的重要保证。有特色和影响力的主持人是节目的金字招牌，不仅可以带来粉丝和媒体的关注，而且会提升受众的心理期待。优秀主持人的价值还可以延伸到栏目品牌价值、平台影响力和商业价值等。

2. 嘉宾（5 分）

此处的嘉宾不包含选秀节目的评委、导师。嘉宾在电视节目中起着关键作用，可以是明星艺人，也可以是文化学者、创业领袖、各行各业的代表人物、有故事的普通人。嘉宾的点评和话题的引导把控对节目的影响越来越明显，有的嘉宾在节目制作时甚至也承担了节目策划指导和细节把关职责，一些文化类节目的嘉宾还发挥自己的学术专业能力撰写评论文章，作为意见领袖扩大节目的美誉度。因此，对嘉宾的口才、专业能力、人格魅力、道德品质、社交关系等的综合评判，是节目制作前要认真审查的工作。

3. 选手（5分）

各种达人选秀节目和才艺选拔节目以及明星竞技节目等对选手的选择至关重要。有个性、有故事、有表现力的选手往往为电视节目所青睐。在某种程度上可以说，主持人与选手、评委共同打造了电视节目的口碑影响力，一些风格和特色鲜明的选手能够与节目一同获得高的社会关注度。有选手的节目多需要事先选拔，通过各种地市的海选活动选出优胜者才能晋级，这也是对节目的线下宣传与预热，增加了节目的关注度。

4. 评委或导师（5分）

在当前的电视节目中，导师和评委的作用越来越突出，有时甚至会弱化主持人的作用。导师和评委妙语连珠，能够起到串联节目活跃气氛的作用，导师的专业性、知名度和性格因素会直接影响到和选手的互动，会产生有效的话题，会对节目的宣传推广起到重要的作用。评委可以是专家，也可以是普通的平民代表，还可以是媒体代表等。评委要有一定的现场表现力，可以和选手即兴互动或到台上表演，成为节目的重要元素。

5. 互动者（5分）

这里的互动者一方面可以是现场受众。近年来，电视节目现场受众的特质、表现力都成为节目吸引力的重要组成部分。节目现场的受众不仅可以带动现场气氛，参与节目的互动，还可以通过各种形式推动节目录制的进程，比如投票、提供命题任务、被随机挑选参与嘉宾的任务活动等。在倡导星素结合、提升素人比例，甚至以素人为主体的节目模式下，现场受众亦可以成为节目的主角，成为吸引电视受众的法宝。另外，现场受众对节目做客观记录和参与点评节目陈述感受，更能传播出节目的真实信息，为节目的吸引力和制作品质提供佐证。

节目中的互动者还可以是增加了节目的看点、成为节目的必要组成部分，但不属于以上成员的其他人，比如真人秀节目中发布任务的解说员，可以是不出镜或少出镜的导演，还可以是一些节目中上道具的工作人员或者是参与节目演出的模特、舞蹈演员等。

（四）功能因素（25分）

节目的功能可以兼具娱乐性和教育性，也可以为受众提供有价值的信息，具有服务性。只有多方面满足了受众需求的节目才有持久的关注度，只有多方面功能兼具的节目才能在此项获得高分值。

1. 信息传播（5分）

电视节目的吸引力和节目中有价值的信息量、信息节奏成正比。新闻节目的信息量大，脱口秀节目的节奏更快些，都会吸引到更多的年轻受众。由于现代人获取信息的途径更多，比如微博、新闻客户端、头条号等可以第一时间提供个性化和整合后的信息，与之相比，电视节目比拼的是信息呈现的方式，也就是视听综合的优势，用细节和画面的丰富性来调动受众的兴趣。

2. 审美娱乐（5分）

电视节目唤起受众愉悦的情绪体验，受众通过替代性参与体验和通过想象缓解现实中的工作与生活的压力。目前很多有影响力的节目都巧妙融合了娱乐元素，但这并不意味着电视节目的泛娱乐化或过度娱乐化。电视节目的娱乐功能更多地应体现为寓教于乐，让受众在收看节目的过程中疏解生活和工作的压力，在放松调节后获得一种愉悦幸福感。电视节目的制作品质升级，受众能获得良好的审美体验。

3. 文化教育（5分）

作为社会文化的重要载体之一，电视节目的文化教育功能为社会所公认。电视在传播文化知识的过程中，具有视听兼备的传播优势，能使受众更好地接受相关信息。从“使用与满足”理论和“需求”理论等来看，电视节目很好地满足了受众社会化的需求，成为各个年龄层次接受文化教育的良好途径。

4. 社会服务（5 分）

电视作为影响广泛的大众媒介，应该坚持把接地气、走基层、服务百姓作为自己的第一要务。不但可以利用不同的节目形态为受众提供生活、工作、出行等的服务，而且要多关注受众的生活状态，满足其多层次、多方位的需求。同时，利用电视节目的媒介沟通和信息整合作用，为地方吸引优质的社会服务资源，带动社会服务部门的协同创新，借电视媒体的权威性和可信度为社会公益活动和机构组织扩大影响力，推动社会管理和服务质量的提升，从而真正为人民谋福利。

5. 记录时代（5 分）

2019 年 3 月 4 日习近平总书记在看望参加政协会议的文艺界社科界委员时，谈到应该“承担记录新时代、书写新时代、讴歌新时代的使命，勇于回答时代课题，从当代中国的伟大创造中发现创作的主题、捕捉创新的灵感，深刻反映我们这个时代的历史巨变，描绘我们这个时代的精神图谱，为时代画像、为时代立传、为时代明德”[①]。电视节目制作团队应该立足时代，以“为人民创作”为基点，通过调研目标受众群体的情感需求和心声，通过节目的选题策划和走基层行动，记录人民的所思所需，引发受众的情感共鸣；通过客观真实地记录时代变迁在人们身上的印记，讲好中国故事、中国精神和普通人的学习、工作、生活经历，让更多的人感同身受；当电视受众产生对电视节目的情感认同，会被节目内容吸引，对节目的信息更加关注，会更多地参与节目的互动与传播分享，从而成为节目的忠实观众。

① 《习近平看望参加政协会议的文艺界社科界委员》，新华网，2019 年 3 月 4 日，http：//www.xinhuanet.com//2019-03/04/c_1124192099.htm。

第三节　电视节目影响力评价体系之品牌力的测量

一、品牌力的诊断性评价概述

（一）相关说明

测评或研究机构对电视节目品牌所做的调查主要包括大规模的线下问卷调查和与门户网站合作进行的网络调查。本书对品牌力各指标的确立主要源自两种途径：一是组织相关领域专家对若干电视节目的品牌指标进行分解打分，然后加权获得总分进而进行比较；二是基于一档电视节目品牌的生长点，比如谁打造的品牌、品牌的建设与维护、品牌的版权等进行审视。因此，电视节目影响力视域下的品牌力评价是力图整合主观层面和客观层面对品牌的认知。其中，对于原创节目及其国际化、品牌建设中的创新实践、品牌价值中的文化价值表现等，本影响力评价体系都将给予分值上的倾斜。

（二）诊断指标结构图

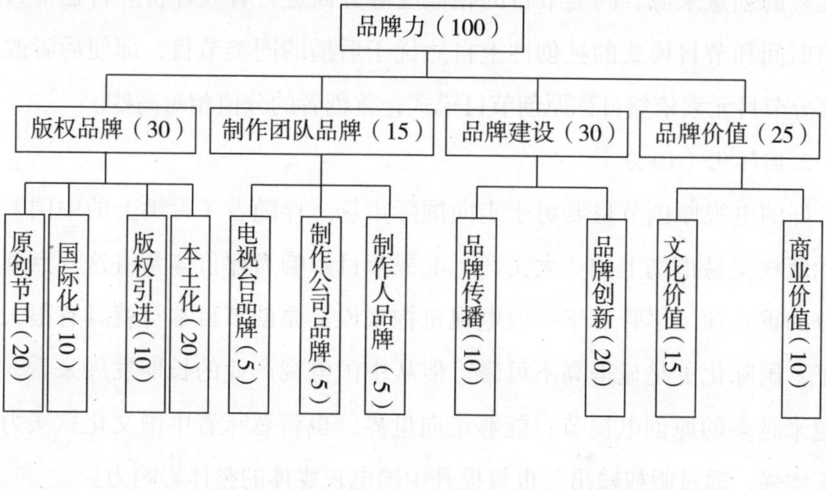

（三）公式

品牌力 = 版权品牌分值 + 制作团队品牌分值 + 品牌建设分值 + 品牌价值分值

二、品牌力的诊断性指标分析

（一）版权品牌（30 分）

当前，我国电视节目的生产主要有两种途径，一是研发原创节目，并将其推向国际节目市场进行交易；二是直接引进外国的版权节目，然后进行本土化改造。这两种渠道在电视节目影响力的评价中代表了两种情况，因此本书将其视为或者的情况，电视节目根据自己的情况进行选择。

1. 原创节目（20 分）

当前，电视节目的原创能力呈现出了不平衡的态势。国家新闻出版广电总局政策性鼓励原创节目，对于这种尝试，电视节目影响力评价体系是给予分值倾斜的，代表了对原创节目的肯定和鼓励。原创节目重在“创意”，好的创意可以体现为节目形态、节目主旨，也可以体现为节目的制播流程的各个环节。原创节目的原创程度可以分级，从节目模式的新颖程度、节目元素的创意来源、同类节目的相似度等方面进行客观评价。首创节目在播出时间和节目模式的独创性上自然优于后播的同类节目，即便后者改变了部分节目元素依然自称原创节目模式，首创者的分值相对高些。

2. 国际化（10 分）

好的电视原创节目要勇于走向国际市场。伴随着《舌尖上的中国》在国际版权交易市场上的“大卖”，电视节目影响力评价体系将这一点列为打分的重点项。尽管对于一般电视机构来说，原创节目本身就具有很大难度了，国际化更是显得高不可攀。但从中国电视产业的长期发展来看，会有越来越多的原创电视节目能够走向世界，也就意味着中国文化软实力的真正增强，通过版权输出，也将提升中国电视媒体的整体影响力。

1.+ 版权引进（10 分）

从国外引进的版权节目的原版模式在海外已经获得市场认可和知名度，品牌形象已经树立起来了。在我国电视媒体与外部交流较少的时代，能够引进国外成熟节目的版权完全可以视为一种勇于开拓的“创新”行为，并且较早引进国内的版权节目也有不少取得了轰动效应，成为电视节目发展史上的重要里程碑。现在，面临越来越多的引进资源，这一项在影响力体系中的分值有所降低，重点也变为版权引进节目的完备性和口碑评价。

2.+ 本土化（20 分）

对于引进节目，最重要的评价点应当放在本土化的程度和形式。如果仅仅停留在照搬照抄的水平，那么这一项的分值则必然不会太高。节目的本土化既要考虑到与版权节目的吻合度，也要重点考虑我国电视受众的心理需求、欣赏旨趣等方面。在节目品牌本土化的过程中，要将节目的制作理念、制作内容、技术指标等根据本土的文化民族心理、政策因素、受众喜好等适当做出调整。电视节目的本土化改造操作是一档电视节目影响力生成的关键之一，也是衡量电视节目制作团队的智慧和创意的主要方面。

（二）制作团队品牌（15 分）

除了电视台之外，现在有越来越多的金牌制作团队、制作人涌现出来，他们绝大多数来自体制内部，在电视产业的市场化浪潮中，成为新生的电视节目制作力量。从《中国好声音》到《声临其境》，从《朗读者》到《国家宝藏》，一大批现象级的电视节目出自优秀的节目制作团队。因此，这一项也成为电视节目影响力构成的重要品质保证。

1. 电视台品牌（5 分）

在我国，除了中央电视台，很多省级卫视都已经形成了自己的品牌，并在清晰的定位中找准了电视节目的制作方向，并形成了以湖南卫视、东方卫视、浙江卫视、江苏卫视等为第一梯队的电视节目影响力阵营。基于对电视台品牌的信任，广告商对一线电视台推出的节目更为推崇，节目的广告资源得到了最大程度的利用。相应的电视受众形成了对电视台品牌的记忆和好感，在使用遥控器或网络搜索节目信息时，自然将有品牌号召力的电视台作为首选。

2. 制作公司品牌（5分）

电视节目制作公司的品牌对于节目的品牌打造同样具有关键作用。一般制作团队都有自己完备而成熟的摄像、灯光、音响、舞美设计、造型、外景制作团队、后期制作团队。制作团队保证了节目的品质和专业性。后期剪辑团队的神剪辑也为节目增色不少。比如灿星制作在综艺和选秀节目方面实力雄厚，唯众传媒致力于财经节目的打造，东方风行传媒在谈话节目及时尚类节目中打造了自己的品牌，元纯传媒则在有历史厚度和社会观察力的纪录片及社会题材方面大展拳脚，北京能量影视传播股份有限公司形成了自己在语言类节目领域的制作品牌。

3. 制作人品牌（5分）

从对传统制片人的依赖到今天对制作人的推崇，我国的电视节目生产进入了新的时代。这个新的时代将于蕾、田梅、洪涛、陈歆宇、吴彤、易骅、陈涤、李静、徐向东等业界精英塑造成了电视节目影响力形成过程中的“意见领袖”。他们本身就代表了品质和创新的可能，以制作人为中心的团队并以其名字命名的工作室的品牌价值日益显现，因此，在评价体系中应当体现出金牌制作人的价值。

（三）品牌建设（30分）

品牌建设是一项系统工程，包括品牌的传播和品牌的创新。电视节目品牌一旦形成，并不是一成不变的。在激烈的电视节目竞争中，品牌是需要持续不断建设和维护的。可以说，越是历史悠久的电视节目品牌越需要进一步建设和维护。

1. 品牌传播（10分）

品牌传播的核心在于品牌推广，包括品牌印象的宣传、品牌信息接触点的营造（品牌信息接触点越多，接触频率越高，自然受众对品牌的强化记忆越好）、品牌营销、品牌包装等。再好的电视节目要想赢得更加广泛的影响力，都必须重视品牌的传播。当下，新媒体大行其道，品牌的拥有者还必须娴熟运用“互联网”思维开展品牌的传播互动，重视自媒体和社交媒体对于品牌的传播价值。

2. 品牌创新（20 分）

电视节目品牌的创新是电视节目影响力中最难实现的方面，因为这也是分值最高的方面。创新的根本动力应该来源于对电视受众需求的满足。在媒介融合的时代，电视从业者也应当树立“用户思维”，在充分满足用户体验的过程中发现电视节目生产的“蓝海”，从而实现电视节目的品牌创新。

（四）品牌价值（25 分）

衡量一档电视节目的品牌价值，不能只注重其商业价值，还应将文化价值纳入其中。环顾世界电视业的发展，发达国家在输出电视节目的同时，无不是在输出自己的文化理念甚至是价值观。在这样的背景下，电视节目影响力的评价体系特别将文化价值列为重要的打分项。

1. 文化价值（15 分）

电视节目的文化价值体现于各种节目形态之中，时政新闻节目、体育节目、娱乐节目等都会成为传播其文化价值的重要载体。因此，电视节目从业者要认识到文化价值传播的隐形特征，将中华民族的优秀文化基因深植入电视节目的日常内容和传播中，重视对优秀传统文化的传播和推广。

2. 商业价值（10 分）

电视节目的商业价值是其能否获得广告主青睐、进行文化再生产的前提和基础。商业价值的取得并不是单一指标，其既与电视节目本体的内容质量和品质有关，也需要通过电视节目的生产、交易、衍生产品消费等各个环节的经济价值来体现。随着移动互联网大潮的兴起，电视节目的商业价值也更多地融入数字化、定制化、碎片化、实时化发展的要素。

第四节　电视节目影响力评价体系之引导力的测量

一、引导力的诊断性评价概述

（一）相关说明

引导力评价是电视节目影响力评价体系的“重中之重”。因此，其指标的设计凸显了引导行为的多面向以及引导的艺术技巧。对舆论、思想、文化和行为的引导基本上囊括了当前电视节目引导力的辐射范围，也几乎覆盖了当前我国社会生活中最为重要和敏感的问题领域。特别是对文化领域的引导高度契合了习近平总书记在 2014 年 10 月 15 日文艺工作座谈会的讲话精神，体现了电视节目评价体系对于“随着人民生活水平不断提高，人民对包括文艺作品在内的文化产品的质量、品位、风格等的要求也更高了。文学、戏剧、电影、电视、音乐、舞蹈、美术、摄影、书法、曲艺、杂技以及民间文艺、群众文艺等各领域都要跟上时代发展、把握人民需求，以充沛的激情、生动的笔触、优美的旋律、感人的形象创作生产出人民喜闻乐见的优秀作品，让人民精神文化生活不断迈上新台阶”[①] 这一要求的理解与回应。2017 年 8 月国家新闻出版广电总局《关于把电视上星综合频道办成讲导向、有文化的传播平台的通知》以及 2018 年 6 月国家广播电视总局副局长张宏森在第 24 届上海电视节台长论坛“主流媒体舆论引导力峰会”上的讲话《把好导向　抓好内容　提升新时代广播电视舆论引导力》[②] 也印证了电视节目引导力的价值。

---

① 《坚持以人民为中心的创作导向　创作更多无愧于时代的优秀作品》，《人民日报》2014 年 10 月 16 日。

② 张宏森：《把好导向　抓好内容　提升新时代广播电视舆论引导力》，2018 年 6 月 11 日，http：//www.sapprft.gov.cn/sapprft/contents/6581/379877.shtml。

（二）诊断指标结构图

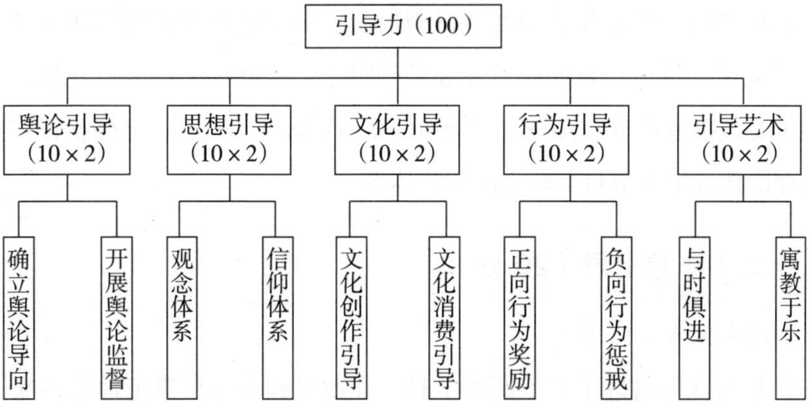

（三）公式

引导力＝舆论引导分值＋思想引导分值＋文化引导分值＋行为引导分值＋引导艺术分值

二、引导力的诊断性指标分析

（一）舆论引导（20分）

电视媒体由于具有较强的公信力、市场覆盖面和受众的广泛性，因此在舆论引导方面占据优势。电视节目要确保正确的舆论导向，过度娱乐化的电视节目不仅会造成受众的流失，也将最终损害电视媒体的信誉和公信力。

1. 确立舆论导向（10分）

电视节目的采编播和推广等各个环节都需要正确方向的指引，同时也承担为社会和公众进行“导航”的社会职能。在策划阶段，电视节目的节目定位和目标受众定位决定了其基本的社会舆论基调。如果电视节目的舆论引导力不够，极容易导致负面舆论失控，从而损害节目的口碑和未来的发展空间。当节目获得一定的荣誉和社会知名度时，更要努力珍惜舆论引导的价值和作用。

2. 开展舆论监督（10 分）

电视机构一方面要新闻类节目积极从事舆论监督的新闻实践活动，审慎开展批评性报道，对形成良好效果的舆论监督电视节目给予支持；另一方面也要鼓励电视节目自身设立沟通的渠道，敞开门欢迎社会的批评指正，将合理的建议纳入节目影响力的评价体系。

（二）思想引导（20 分）

1. 观念体系（10 分）

目前电视台引进了不少国外节目，在此过程中不可避免地会带来一些西方的价值观念，但我国的电视节目内容必须符合社会主义核心价值观的基本精神和内涵。2013 年 12 月 23 日，“中共中央办公厅印发《关于培育和践行社会主义核心价值观的意见》，将 24 字核心价值观分成 3 个层面：富强、民主、文明、和谐，是国家层面的价值目标；自由、平等、公正、法治，是社会层面的价值取向；爱国、敬业、诚信、友善，是公民个人层面的价值准则”[①]。

2. 信仰体系（10 分）

有影响力的电视节目应该首先根据信仰的主体，即国家信仰、社会信仰和个体信仰设定宏观的引导体系，再根据信仰所指的对象，分别从政治信仰、文化信仰、宗教信仰、科学信仰、职业信仰、道德信仰、家族信仰等方面入手，在具体的节目中进行有针对性的引导。

（三）文化引导（20 分）

1. 文化创作引导（10 分）

有引导力的电视节目对同类节目创作具有标杆示范作用，其创新的节目模式和契合受众心理的节目制作理念会引领荧屏新气象。同时电视节目

① 《中共中央办公厅印发〈关于培育和践行社会主义核心价值观的意见〉》，新华网，2013 年 12 月 23 日，http：//news.xinhuanet.com/politics/2013-12/23/c_118674689.htm。

对其他文化领域也应当具有创作引导力，例如对电影、电视剧、图书、动画等文化产品的创作有一定带动作用。

2. 文化消费引导（10 分）

电视节目要有效引导消费者对文化消费的合理需求，要把握好节目是否引导受众进行积极的、有益的、理性的、适度的文化消费。在一些经济类节目、时尚类节目、旅游休闲类节目、收藏类等节目中，要传播科学的消费观，避免对受众造成不良影响。在电视综艺节目中，要合理引导与粉丝经济关联的文化艺术消费行为。

（四）行为引导（20 分）

1. 正向行为奖励（10 分）

要对以公益节目为代表的正能量节目形态予以评价方面的支持，优秀的电视节目制作团队可以在影响力评价体系中给予加分鼓励。传播正向行为和规范自身的传播行为，都代表了我国电视节目影响力评价体系的基本价值观。

2. 负向行为惩戒（10 分）

电视节目没有法律执行或惩处他人的权利，但可以通过电视节目中的行为标准设立，对不良行为进行谴责。电视节目应当在尊重电视传播规律的前提下，对不恰当、不正确的社会现象予以批判和惩戒。

（五）引导艺术（20 分）

1. 与时俱进（10 分）

与时俱进的要求之一是要考虑电视节目不同受众群体的收视变化，分类引导。电视节目的引导力要考虑到不同年龄受众群体的收视习惯和需求，通过不同的方式引导他们参与到电视节目的互动和话题讨论中。与时俱进的要求之二是用先进的技术手段进行引导。媒介融合的时代背景要求电视节目能用“互联网思维”进行引导。

2. 寓教于乐（10 分）

寓教于乐是电视节目引导策略艺术化的集中表现。有引导力的电视节目不是枯燥的说教和观点的罗列，而是要以大众喜闻乐见的方式传递思想教育的内容，以防受众出现逆反心理。寓教于乐是电视节目影响力生成的重要策略，也是电视从业者研发节目形态所必须考量的重要方面。

第五节　电视节目影响力评价体系之融合力的测量

一、融合力的诊断性评价概述

（一）相关说明

本书对于融合力的指标设计主要从内容、渠道、平台、经营管理四个方面入手。这既体现了政策的高度，同时也符合当前我国电视节目的发展实践。其中，渠道和平台的融合带有很强的技术导向性和跨界性，体现了当前电视节目影响力生成与媒介生态之间的高度关联。而经营管理融合则主要体现了“互联网思维”。在本书的视域下，互联网思维、大数据和云计算带来三网融合更深层次的变化，需要对整个电视节目的制作、播出和营销等行为进行重新审视，基于此，我们不仅对经营管理理念进行了评价，也对其模式进行了思考，以便更好地激发和促进融合力的形成。

（二）诊断指标结构图

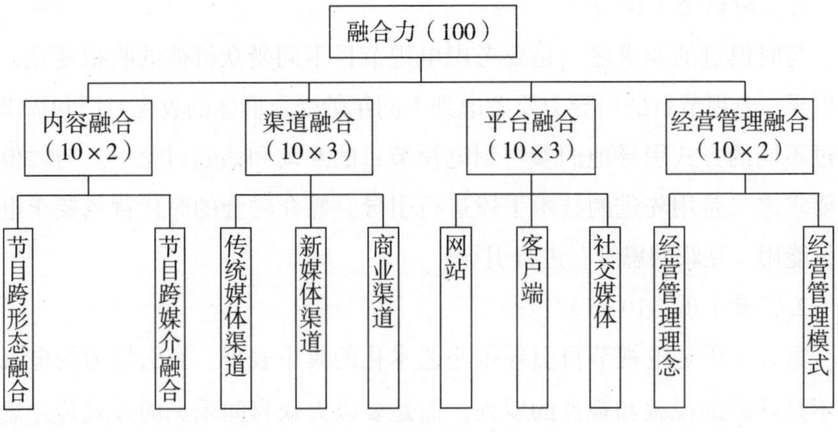

（三）公式

融合力 = 内容融合分值 + 渠道融合分值 + 平台融合分值 + 经营管理融合分值

二、融合力的诊断性指标分析

（一）内容融合（20 分）

1. 节目跨形态融合（10 分）

电视节目的形态是根据题材和服务的对象来界定的。随着技术的进步，电视节目跨形态融合，通过组合嫁接，涌现出很多有创意的新节目，丰富了电视荧屏，赢得了年轻受众的喜爱。比如过去在演播室录制的节目中现场受众被局限在一定的时间空间，参与互动的方式较少，现在多屏互动、可视技术、直播技术等的创新可以让现场受众甚至电视机前的受众、网友即时参与到节目的情境中。

2. 节目跨媒介融合（10 分）

电视节目的跨媒介融合表现在多方面，从节目的内容制作来看，不少视频网站与电视台联合制作节目。视频网站可以利用自身积累的节目视频分析的大数据，预估某些类型节目的收视热点，提高了节目的质量，增加了节目的网上点击量和在线观看单期节目的时长。

（二）渠道融合（30 分）

1. 传统媒体渠道（10 分）

传媒媒体中的报刊、广播、书籍等都是电视节目宣传推广时不可忽视的渠道，也是被实践证明过有效的渠道。特别是对中老年受众来说，由于其媒介使用偏好仍然指向传统媒体，因此，电视节目的渠道融合也需考虑传统媒体。除了报刊、广播之外，电影院线和户外媒体也成为电视节目渠道融合的创新空间。目前很多电视综艺节目都将电影视为节目扩大影响力的重要渠道，从小荧屏到大银幕，传统媒体会给电视节目的推广带来崭新的空间。

2. 新媒体渠道（10 分）

“电视节目的推广营销可以通过新闻网站、博客、微博、微信、贴吧、手机报、邮件、搜索引擎、百度产品（百度知道、百度文库、百度百科、百度图片、百度经验等）、新闻客户端等诸多渠道展开。”[①] 电视节目网络播出渠道有多样化的视频网站可供选择，包括爱奇艺、优酷、腾讯视频、芒果 TV、搜狐视频、PP 视频、风行网等。其中能在爱优腾和芒果 TV 播出，且能在视频首页重点推介的节目，会有更好的融合力表现。节目还可以授权电视台的官方网站或手机台播出节目。新媒体渠道播出的节目可以是完整视频或者对节目成片拆条后进行二度创作的短片。电视节目通过新媒体渠道播出和推广有不同的合作表现，融合的深度、广度有些差异。

3. 商业渠道（10 分）

过去与电商合作的节目多集中在时尚美容类节目，作为电商的网站是电视制作机构有联姻关系的商业营销团队和网站。2014 年以来电视节目的制作公司或电视台主动和国内排名靠前的电商合作，借助于大数据测算消费热点趋势，实现强强联合，并通过多种互动方式将受众快速转化为用户。

（三）平台融合（30 分）

以电视台为主体打造自身的融合平台可以为电视节目的制作、宣传、推广、营销提供强大的技术保障，平台的融合要有网站的布局、社交媒体的参与、客户端的发声，才能做大做强。

1. 网站（10 分）

电视节目与网站的融合一方面体现在电视台打造自身的全媒体平台，将优势的资源汇总到一起；另一方面则是借助云系统，将各种网页、新闻

① 李岭涛，李冬梅：《电视节目的新媒体融合力分析》，《电视研究》2014 年第 1 期。

稿件、视频、图片、微博、微信、节目线索等多平台的信息和数据搜集、整理，为己所用，打造全媒体融合生产平台。

2. 客户端（10 分）

“新闻客户端不是简单地推送节目的新闻资讯，而是让网民参与、体验、选择、互动，增加用户的活跃度和黏性。2013 年 7 月初开始，浙江卫视《中国好声音》、央视《舞出我人生》、东方卫视《中国梦之声》等多个节目通过网易新闻客户端进行推广。”① 自 2014 年开始，两微（微博、微信）一端（客户端）已经成为诸多有影响力的节目的标配。除了新闻客户端外，抖音、B 站等短视频客户端也成为电视节目影响力拓展的重要平台。

3. 社交媒体（10 分）

不能仅仅把社交媒体当作信息发布的平台，社交媒体已经介入电视节目的策划、制作、播出等环节中，发挥其更大的价值。微博强有力的信息推荐方式可以让优秀的节目未播先热，而微信则能使受众有更方便经济的方式参与到节目的互动中，使电视节目能够在朋友圈中进行更深层次、效果更佳的传播与讨论。

（四）经营管理融合（20 分）

1. 经营管理理念（10 分）

从电视台和电视节目制作机构来说，融合是电视节目策划、生产、播出、推广和经营管理工作的常态，电视人要转变观念，形成从领导到员工的共识。有的节目组仅仅把融合看作短期的推广阶段的任务，甚至外包给第三方的公司，寄希望于外力提升业绩，失去了工作的主动性。融合的目标是提高管理效益，提升电视节目和电视台的影响力，而不是本末倒置，为了融合而融合。

① 李岭涛，李冬梅：《电视节目的新媒体融合力分析》，《电视研究》2014 年第 1 期。

2. 经营管理模式（10分）

融合意味着电视台和制作公司要有一种对电视节目的产品统筹规划、全产业链开发的整体思路，从节目的前期市场调研、策划选题、生产制作、广告招标、播出、营销推广，以及版权交易、衍生产品开发等，都应该围绕着全媒体来运营，将若干的终端屏网罗起来，形成传播和产业经营的链条，而不是将节目资源通过多渠道无偿分发，沦为视频网站和社交媒体的打工者。

第六节　电视节目影响力评价体系之市场力的测量

一、市场力的诊断性评价概述

（一）相关说明

由于电视节目影响力评价体系中的市场力评价涉及面向较多，各种变量也非常丰富，因此本书倾向给出具有宏观指向性的诊断指标结构。其中，对于各种子市场的划分尽管已经充分考虑了区隔性和差异性，但在实际的市场行为中，市场与市场之间还是难免存在交叉。但每一种市场都在提示一种市场主体性力量的存在和影响。采纳本书的用户，在具体的使用过程中需要注意以下两个问题，一是越是简化性的指标背后可“深耕细作”的空间越大，因此不同机构可以根据实际情况有针对性地设计下一层级的指标体系；二是受众构成主要用来衡量在新的媒体环境下，传统电视节目受众和新兴媒体用户的融合程度，或者是电视节目对新兴媒体的吸引能力。这不仅体现了对融合力的呼应，也是当代中国电视节目影响力新的重要生长点，需要给予特别关注。

（二）诊断指标结构图

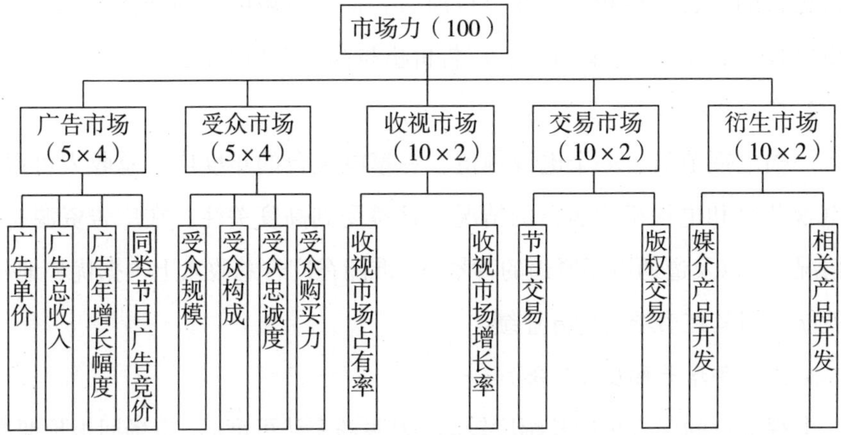

（三）公式

市场力＝广告市场分值＋受众市场分值＋收视市场分值＋交易市场分值＋衍生市场分值

二、市场力的诊断性指标分析

（一）广告市场（20 分）

电视节目广告数据来源有各家电视台、节目制作公司以及广告公司、广告代理公司等，因此，进行电视节目市场力比较时可以搜集各家电视台每年度、季度的节目资源广告数据，广告公司披露的企业广告在电视节目中的投放数据，从媒体报道间接获得节目播出平台提供的节目冠名、单条广告报价等数据。根据行业公开提供的节目广告数据，电视节目的制作、运营管理人员可以了解自己的节目的广告收入指标在行业中的位置和与有影响力的节目的差距，从而做出客观的评价。

1. 广告单价（5 分）

电视节目刊例广告一般有 5 秒、10 秒、15 秒、20 秒、25 秒、30 秒、

45 秒、60 秒不等时长。在同一个频道的同一档节目的硬广告中，一般来说时长越长的广告价格越高。在节目前后和播出时段的不同插播位置，广告价格也有所不多。一般情况下，广告价格越高，市场力越强。

2. 广告总收入（5 分）

一档电视节目、一个电视频道、一家电视台的年度广告总收入可以反映电视节目和电视机构运营的情况，日益受到高度关注。在广告资源有限的情况下，以及遭遇市场紧逼的背景下，谁能在广告总收入上占据优势地位，谁就能证明其在市场的优异业绩。

3. 广告年增长幅度（5 分）

电视节目的广告年增长幅度较高，说明商家认可度高，市场回报预期高。有市场力的节目是广告商追捧的稀缺资源，大量资金涌入排名靠前的热门节目。有的节目冠名商每年更换金主，价格阶梯式增长。如果电视节目广告费与前一年相比价格涨幅不大甚至下降，电视节目相关制作管理运营团队需要反思节目的问题所在，并在节目的新一季播出中调整。

4. 同类节目广告竞价（5 分）

把电视节目的广告收入（含冠名费、特约广告费、植入广告费、硬广告收入的总和）与同一季度或同一年度的同类节目比较，可以看出节目的竞争力。在竞争对手广告总收入数据不完整或不公开时，可考虑用同类节目的冠名广告费来比较。由于节目广告折扣价格的存在，面向媒体公开的广告招标额度和实际的收益有所差距。在对节目影响力评价时尽可能参考以往数据，推算出实际的冠名价格。以现象级节目的广告收入或冠名费为参考，其他节目的广告收入可以进行同年度的横向比较，以便确立其市场地位。

（二）受众市场（20 分）

受众市场是广告商和相关电视节目产品运营开发商所看重的，受众的数量多少决定着广告商与电视台和节目的合作程度、广告投入的高低。

1. 受众规模（5分）

受众的绝对数量构成了受众的规模，从全国范围看，电视节目的绝对人口数量是可以从收视率数据来计算出的。

2. 受众构成（5分）

受众的构成主要是依据受众的社会属性及其社会关系来分类，包括性别、年龄、职业、居住地等基础性划分和朋友、夫妻、父子等关系性划分。受众的类型是否与节目的定位吻合、是否与广告商产品的消费者定位接近，都是影响电视节目市场力的重要影响因素。

3. 受众忠诚度（5分）

受众的忠诚度从节目收视的时间、受众流入流出的规律和数据等进行衡量。其中收视时间长短的数据可以从节目的相关收视公司的调查数据获得，从节目的播出时段流入流出的受众数量比较也可以看出，流出的节目人数和比例少于从其他节目流入的受众，还可以从视频网站的单期节目的持续收视时间来判断。除了从收视情况来评价一档节目的受众忠诚度，还可以从节目的衍生产品的购买、社交媒体上节目的忠实粉丝的数量来加以参考评价。一些节目的受众因为喜爱节目内容和嘉宾选手，去节目的录制地点旅游，消费节目的相关产品，如图书、游戏、电影等，甚至爱屋及乌，纷纷购买节目中出现的相关商品，包括植入广告商品和嘉宾吃穿用的各种物品等。

4. 受众购买力（5分）

受众的购买力可以参考受众的收入水平，但也不局限于收入。比如少年儿童和大学生群体虽然没有固定收入来源，但其购买意愿和购买力也是广告商所看重的。当主流受众有一定经济实力和消费能力，才会购买节目的相关广告产品以及节目的衍生产品，从受众转化为消费者和用户。

（三）收视市场（20分）

1. 收视市场占有率（10分）

收视市场占有率可以从节目的收视份额来计算，可以参考全国的收视份额和不同城市地区的收视份额。以尼尔森网联对不同省份收视市场的调查数据为例，如果监测的重点城市北京、杭州、广州、武汉、南京、昆明、重庆、郑州、西安等的节目平均收视份额超过10%（对应的平均收视率超过2%以上），可以说明该节目的收视市场表现好，可得10分。而平均收视份额下降1%，则减少1分。具体测算中可以根据采用的调查收视数据进行10等级权衡。

2. 收视市场增长率（10分）

收视市场增长率是电视节目的收视市场在一定时间段里的增长情况。从电视节目的生命周期来看，首期节目的收视情况是基点，前几期节目的收视市场增长情况奠定了节目的市场格局。如果广告商预期节目收视市场快速增长，收视曲线是上扬的，电视台预留的广告位就会价格上涨，超过前期广告统一招标价格。而如果电视节目收视市场增长缓慢，收视曲线走低，甚至低于广告商与电视台的合约收视点，电视台或电视节目制作公司还可能损失一定的节目广告收益。

（四）交易市场（20分）

1. 节目交易（10分）

节目的交易市场的评价可以按照有无、交易规模大小和金额多少进行量化评价。电视节目的交易有多种形式，包括节目的国内电视台交易、节目的港台市场和海外市场交易、节目的视频网站交易等，需要将交易数额进行汇总测算。目前电视节目网络播出版权交易的买方市场主要是各大视频网站。

2. 版权交易（10分）

有影响力的节目作为创意产品，可以进行版权交易。随着目前国内电视台和制作公司及视频网站原创节目数量不断增加，热播的文化节目带来良好社会示范效应，节目制作团队日渐成熟，完全可以打造具有创新示范意义的节目模式输出到国际市场。目前已经有一些节目实现了这一目标，比如《中国好歌曲》《舌尖上的中国》《国家宝藏》等。根据节目版权的海外输出影响程度和价值大小进行主观打分，比如购买版权的海外版权公司的实力、输入版权的国外电视台的情况。

（五）衍生市场（20 分）

1. 媒介产品开发（10 分）

电视节目的原始素材和播出后的影像资料可以二次加工使用，常见的衍生产品有：音乐类产品（彩铃、专辑）、图书类产品、DVD、电影、动漫、手机游戏等的制作，同时还包括演出和经纪活动等。另外节目内容资源还可以进行剪辑加工，变为教学培训资料或视频。

2. 相关产品开发（10 分）

有的节目品牌可以授权其他企业进行品牌衍生产品开发，比如游乐园、服装企业、玩具企业、教育培训行业、其他服务业和制造业使用节目品牌名称、Logo 和卡通形象，都可以取得一定的版权收益。同样，发明类节目可以和相关制造业企业合作，进行创意技术的推广应用。

第三章 电视节目影响力评价体系模型的实施机制

第一节 电视节目影响力评价体系的使用方式分析

本评价体系作为一整套评价理念与标准的整合体系，针对不同的用户需求，可以提供不同的内容、不同层次的指标数据，还可以根据用户需求，在选择性订制几个维度标准基础上生成新的评价体系。其中，对于一个科学的电视节目评价体系来说，指标权重的设定意义重大。作为指标计算时的修正数据，权重的存在更多的是为了平衡体系内不可比的因素。从外部来说，权重的设置主要是考虑到统一多种评价主体不同意见的问题，而从内部来说，权重的设置则是为了解决不同节目之间的可比性的问题。而通常情况下，任何评价体系的指标权重都代表了制定者和研发者的价值取向和基本态度，尽管评价体系的使用者可以根据实际情况再作适当调整，但总的来说，一个相对稳定的权重指数是评价“评价体系”的重要方面之一。

一、评价体系的整体使用

作为一个整体，电视节目影响力评价体系所涉及的吸引力、品牌力、引导力、融合力和市场力几乎囊括电视节目“生产—传播—收看—再生产”的全部环节，因而适应于对某一电视媒体旗下所拥有的全部节目进行的系统评价和连续评价，以显示出节目集群的整体制播水平、市场评价和社会影响力。而在新的历史时期，整体打包使用电视节目影响力评价体系要对“吸引力”“引导力”“市场力”等指标的设定和操作格外关注。电视节目影响力评价体系能够通过全指标的综合使用，促进电视节目提升正面宣传的质量和水平，并着重在“为人民喜闻乐见”的方向上给出具体的改进路径。可以说，本书“五力”指标的提出具有很强的科学性和严谨性，其对于电视节目影响力的评价是具有可持续性的，同时也是符合时代的发展趋势和历史的前进方向的。

事实上，对评价体系的整体使用，不仅能够全面地兼顾电视媒介组织的多元属性，又能最大限度地整合和高效利用频道资源、时间资源、节目资源、受众注意力资源、广告资源、技术资源和人力资源。比如在技术资源的开发和选择上，融合力指标将富有针对性和预见性地对其进行改造升级以增强传统媒体和新媒体组织间的实力、活力与黏性。再如，对于人力资源的考核与奖励，电视节目影响力的多种指标将共同给出更符合收视实际同时也更符合电视节目制播环境的依据，既防止电视工作者的效率被忽视，又防止其社会责任感的被取消。

另外，整体应用电视节目影响力评价体系还需要注意以下三点：一是要从思想认识上明确包括吸引力、品牌力、引导力、融合力和市场力在内的“五力”实际上是电视媒介组织控制自身形象和发展的五种重要手段，其彼此之间相互联系、相互渗透又相互促动，在进行整体衡量的过程中，要充分考虑到它们之间的协同效应，不可有所偏废；二是不只是电视媒体，电视媒体的相关主管部门也可以整体使用电视节目影响力评价体系，其对各级各地电视节目监听监看的过程中，亟待引入一个统一的、可以进行定量分析的参照系，从而为节目评优和相关政策的出台等定性行为提供具有说服力的依据；三是整体使用电视节目影响力体系的前提是必须进行合理而严谨的电视节目分类，只有分类准确，“五力”才能在指标整合中平衡地反映节目的真实情况。毕竟作为一套评价体系，即便是再完备也无法适用于所有的对象，“普适性”只能相对存在于同类型的电视节目中。

二、评价体系的组合使用

在电视节目影响力指标体系的分布中，指标之间在事实上存在着某种内在的相关性，就如同排列组合一样，不同的指标的组合使用往往会呈现出电视节目不同的特质或潜质。比如分别通过“吸引力”和“市场力”/“引导力”和“市场力”的双重视域来考察某类节目的“品牌力”，其结果通常会有很大的差别。例如以情感类节目为例，目前，我国各电视台在播的情感节目有100多个，如何在众多同质类节目中脱颖而出，形成为受众所认可的“情感品牌”的难度可想而知。而其节目流程也大体都遵循着下述思路：百姓嘉宾痛陈个人和家庭隐私，矛盾各方当面对质、辩论，主持人穿针引线地梳理，最后是专家的提问与心理辅导。但就在这貌似几乎如出一辙的节目形态中，不同的节目的侧重点是完全不同的，有的节目将“悬疑”“猎奇”“煽情”列为节目首先要达成的传播效果，无所不用其极，嘉宾现场哭闹、愤而退场、声言断绝关系等撕破脸皮的场景被一次次地放大和渲染，争房、争钱、争人（婚外情和离婚案例）成为“中国式情感节目”的“标配”。在这种情况下，个别情感类节目的“吸引力”指数短期内不断攀升，收视率更是相当可观，并会引发此类节目相当惊人的广告收益。然而这类节目所营造出的“市场力”却经常流于“昙花一现”，其“品牌力”很快就在拜金、自私、享乐主义等恶俗的电视表演中消耗殆尽。相反，那些坚持以“引导力”为宗旨的电视情感节目并不靠贩卖隐私来博取哗众取宠的收视效果，而是始终捍卫主流价值观的底线地位，靠对社会舆论的正确引导来慢慢烘焙起节目的热度和老百姓的选择收看，在淡定从容中积累“市场力”，进而成就自身不可取代的“品牌力”。

由上观之，电视节目影响力评价体系中不同指标的组合，会呈现完全不同的测评结果。因此，组合使用上述指标需要注意以下两个方面：第一个方面，当使用者想要考察电视节目某些方面之间的直接关联性或者叫因果关联性的时候，可以选取两个指标组合，比如想要对多家省级卫视早间新闻节目正面舆论引导能力的效果进行评价，那么可以将“引导力”指标与“吸引力”指标相结合，重点看看其是否能够根据新闻传播面临的对象、范围、方式、渠道等发生的变化，改进新闻报道的播报方式和报道内容，让受众爱听爱看，感染受众，使其产生共鸣；是否能够自觉提高正面宣传的质量和水平，在贴近性上下功夫。第二个方面，当使用者想要比较某些方面对同一个指标的贡献大小的时候，可以选取三个指标进行组合，比如想要分析某省级卫视网络《春节联欢晚会》的市场力营销中，究竟是省级卫视固有的品牌效应带来了更多的广告招商，还是其凭借与互联网的深度合作赢得了广告主的青睐？为了弄清楚这个问题，电视媒介组织内部可以通过品牌力、融合力和市场力的组合来尝试探析其中的原因。

三、评价体系的单指标使用

电视节目影响力的评价体系中，每一个单项指标都是在充分观察和深入思考中国当前电视节目生态的基础上设置的，这种谨慎而不随意的态度保证了即便是单独使用某一分力指标，也能在某种程度上产生“窥一力而知全貌”的功效。比如，现在越来越多的电视媒体都在尝试推行频道制，而如何开展频道内相同类型、相同形态节目的横向比较就可以单独使用某一影响力指标。比如，可以运用“吸引力”的单指标来考察各个省级卫视的娱乐节目的收视情况，从而为各自节目的核心竞争力和影响力的打造提供参考。2013 年，在湖南卫视《爸爸去哪儿》节目的热播效应带动下，浙江卫视的《人生第一次》和《星星知我心》、青海卫视《老爸老妈看我的》、陕西卫视《好爸爸坏爸爸》等都纷纷试水亲子类节目，此类节目之间的较量和比拼便变得白热化。但如果运用电视节目影响力评价体系中的“吸引力”指标来衡量的话，这些以 25—34 岁年龄段年轻人为主力收视群体的亲子节目，如果没有自己的独特之处则很难对日益挑剔的受众形成吸引。事实上，大多数参与亲子真人秀节目录制的儿童都集中在 3—6 岁，而这个岁数的孩子不仅是最可爱的，也是最纯真的。因此不同卫视的亲子节目或者锁定了孩子的“不可控性”和“真实性”，或者锁定了孩子与家长之间的“戏剧性”和“话题性”等特点来进行视听展示，最终赢得了不同的收视青睐和受众持续的“满意度”。

四、评价体系的订制使用

作为一种评价产品，电视节目影响力评价体系必须考虑客户的实际需求，在必要的情况下提供订制服务。比如目前各个省级卫视的定位都各有侧重、特色鲜明，其盈利模式、经营模式、管理模式和内容生产模式也不可避免地存在着种种差异，因而省级卫视在进行自身内部电视节目评价的时候，势必会对评价指标保有各自不同的考量，需要向专业评价机构订制符合自身需要的评价体系。比如湖南卫视一直秉持“快乐中国”的节目理念，致力于打造“中国最具活力的电视娱乐品牌”，近年来坚持“新闻立台”，创作了一批精品节目，而江苏卫视则主打“情感世界·幸福中国”的频道定位。上述特色非常鲜明的省级卫视如果要开展电视节目影响力的评价活动，通常都会产生不尽相同的指标侧重。在这种情况下，电视节目影响力评价体系就会自动开启调整和适应模式，积极寻找和设计出更适应电视媒介组织需求的评价体系。

除去媒介组织整体评价的需求差别之外，一些新型节目形态的出现和比较往往也需要量身订制围绕目标节目进行的影响力评价。比如与汉字有关的节目，一个是中央电视台科教频道的《中国汉字听写大会》，另一个是河南卫视的《汉字英雄》。这两档节目恢复了中国电视节目制作生态中久违的原创之风，在极短的时间内迅速赢得了从学界到业界的一致好评和受众的高度认可。从电视节目形态来看，前者具有竞赛参与平民化、竞赛环境纯粹化、竞赛奖励荣誉化、竞赛制作质朴化的天然优势。高科技数字化的书写工具、多屏同步合成的显示方式，又可以画龙点睛地呈现出当代最新科技成果，制造让受众惊异的视觉效果。而后者则是河南卫视与爱奇艺携手网台联动的文化综艺季播节目，“节目意在为全国各地识字最多的青少年打造展示自己掌握汉字水平和个性的机会和舞台。其将文化和娱乐相融合，集综艺性和知识性于一体，同时还注重丰富节目的趣味性与娱乐性，在舞美、视频等效果方面营造出更大的可观赏性”[①]。由是观之，两档节目尽管都以弘扬汉字文化为己任、以唤起国民对于汉字的深厚感情为依托，但是各自的风格还是相当突出和不同的，因此也需要订制不同的节目影响力评价系统来完成更为客观和科学的差异化评价。

第二节　电视节目影响力评价体系与第三方监督机制

一家独大、无人制约的评价格局，不仅不利于评价行业自身的发展，更不利于电视行业的健康发展，长期来看，会损害中国电视行业的竞争力。而要避免这一局面的形成，就要从两个方面对其进行监督。一是要保证评价机构的多元化，相互之间可以相互印证，相互制衡，避免垄断的形成；二是要建立起第三方的监督机构，对评价机构的评价过程及其结果进行抽查和监督。

一、评价机构的多元化

与五个维度的影响力评价体系有关的调研机构，不是独一家就可以单独完成的，有中国网络影响力课题组，同时也有学术研究合作关系机构单位，也有一定的行业联系机构。由此相互制衡，以便数据资源共享和有效监督。

首先，中国电视节目影响力评价体系研发机构是独立的第三方，在成员和研究领域与中国电视网络影响力课题研究交叉互补。作为中国电视节目影响力评价体系的相关指标，中国网络影响力是具有开放、敏锐和完备的评价机制，其一方面能够有效地弥补纯粹收视率评价带来的局限性和误差，最大限度地围绕跨平台终端传播来准确反映电视收视情况，关注互联

① 参见百度百科“汉字英雄”词条，http：//baike.baidu.com/view/10574144.htm。

网口碑传播和社交传播给电视评价体系带来的深远影响；另一方面网络影响力还致力于呈现电视节目的社会影响力的延伸与扩充，对虚拟网络世界中意见领袖的态度予以测量，从而评估和预测网络对收视行为的现实影响。事实上，中国网络影响力在导向和精神气质上是与电视节目影响力评价体系一脉相承、互为补充的。在电视节目影响力评价体系的调研过程中，网络影响力这一带有显著导向性的评价主体完全可以利用其倡导和推广的“知名度指标”、“被关注度指标”以及“网络收视度指标”等来巩固电视作为主流媒体的强势地位，将真正具有持久社会影响力的电视节目通过网民的态度评选出来。

其次，中国电视节目影响力评价体系还需要与学术研究机构展开全面合作。在电视节目影响力的评价中，学术机构的“公共性”能够很好地确保评价的客观与中立，并从专业的角度给出中肯的评价建议和指导方向。同时学术机构，特别是高等院校往往还具有科学研究、人才培养、学术交流、情报资料和咨询服务等方面的资源优势。另外，高校研究机构和教学机构在人才培养和社会化培训过程中，可以不断传播电视节目影响力评价体系的理论获得更多的社会影响力，还可以在评价体系的应用研究过程中不断反馈调整和完善。以中国传媒大学为例，不仅有学术和业务相结合的出版品牌——《中国广播电视年鉴》，而且还经常参与到电视媒体的前沿实践当中去。依托这样的机构，中国电视节目影响力的评价能够获得更多的智力支持。

最后，在电视节目影响力评价体系中，包括中国广播电影电视社会组织联合会这样的行业机构也能够通过自身开展的广播电视学术研究和各种相关的调查研究，编辑出版学术期刊、学术著作和研究报告，为电视节目影响力的评价提供行业资讯、决策参考、信息反馈、评估咨询等方面的服务，并通过组织行业内形式多样的交流、研讨、评选、表彰等活动推动电视节目的创新发展。电视行业机构还可以参与到相关行业标准的制定、修订和相关法律法规的研究制定，从而促进中国电视节目影响力的评价向着更加规范的方向努力。因此，我们有理由相信，中国电视节目影响力评价体系的创立和发展必得仰赖各种相关组织和机构的帮助，这也预示着该评价体系所能利用的资源是非常丰富的，所采纳的评价视角也是多元的，其评价结果和评价的权威性更是非常值得信赖和期待的。

二、第三方的监督机构

（一）评价机构的自我监督

任何设计科学、操作规范的评价体系都需要自身开展极为严格的自我监督，以预防失范行为的出现。从实施的角度来看，电视节目影响力评价体系的自我监督最便于开展也最难以开展。一方面，内部的自我监督在相关资料获取和业务熟悉等方面都是“近水楼台先得月”，占有极大的便利；另一方面，自我监督还需要对行业操守、职业道德进行很好的坚守和把持，稍有不慎便会将电视节目影响力评价沦为利益交换的手段，丧失应有的客观、中立。

电视节目影响力评价机构自我监督的完善可以从以下几个方面着手。一是加强从业人员的行业操守和职业道德教育，将“利益教育”视为职业教育的重中之重。所谓“利益教育”就是要让从业人员在思想上充分认识到“出钱买评价”不仅是对自身职业生涯的伤害，更是对整个电视节目影响力评价体系事业的伤害，严重时更是对法律的践踏。评价体系是不容被操纵和被购买的，任何可能有损于评价体系数据安全和公信力的做法都是不被允许的。二是要努力营造电视节目影响力评价体系的“信息公开”，将评价技术、流程和质量管理等重要内容对公众公开，借以保证评价数据的客观真实性。通过信息公开，不仅可以让“利益黑幕”曝光在公众的视野之内，而且还能杜绝影响力评价体系内部人员参与“制假”的各种渠道。三是要尽可能保证电视节目影响力评价体系实施主体的真正独立和公正，不依附于任何权力和资本集团，唯有此方能在自我监管上秉持客观与中立的原则，不受任何外界因素的干扰。随着收视率造假对媒体行业危害的披露和电视节目评价对单纯收视率评价体系的完善与矫正，电视节目影响力评价体系的多指标性和综合性将在某种程度上为自身监管提供更多的可能性。

（二）管理部门的监督

除去自我监管，最为有效的监管方式恐怕要属电视管理部门对影响力评价体系的监管了。在我国，国家广播电视总局是与此相关的最高级别的管理部门。对于电视节目影响力评价体系来说，总局（“国家广播电视总局”的简称，下同）的管理带有极强的政策性和导向性，为日常具体评价活动的开展提供方向和规范。以对电视节目影响力之“引导力”的评价为例，总局曾先后多次对省级卫视的节目形态、播出时长、嘉宾选择以及娱乐节目同质化、低俗化等问题进行业务指导和规范。2013 年 10 月 20 日，总局下发《关于做好 2014 年电视上星综合频道节目编排和备案工作的通知》，确定了 2014 年上星综合频道的调控政策，具体要求包括每年播出的新引进境外版权模式节目不得超过 1 个、每季度总局通过评议会择优选择一档歌唱类选拔节目安排在黄金时段播出、上星综合频道的各种公益性节目播出时长每周平均不少于 30%，等等。① 而上述规定恰恰成为我国电视节目影响力评价的重要指导性意见，对评估电视节目在“正确引导受众和社会”方面的基本素质和专业素质具有路线意义。以此作为监管标准，电视节目评价机构便能比较清晰有度地测量电视节目是否“有助于强化电视媒介组织的社会责任感”、是否“有助于提升电视节目的文化品位和格调”、是否“有助于培育和涵化电视受众的整体素养”。

在我国，管理部门的监管在一定程度上带有明显的行政属性，电视节目影响力评价体系需要在强化自我监管的同时积极接受上述行政监管。事实证明，管理部门的监督在很大程度上杜绝和避免了个别电视机构和组织

① 《新闻出版广电总局：每年播出的新引进境外版权模式节目不得超过一个》，网易，2013 年 10 月 20 日，http：//money.163.com/13/1020/19/9BLFI8IU00254TI5.html。

在电视节目创作上的“三俗倾向”，有效地净化了荧屏，实现了对电视节目的思想引导和舆论引导。但一个时期以来，我们也注意到与广电工作密切相关的管理部门在处理“宏观统筹”与“微观部署”、“抓大”与“放下”等问题的协调上，手段稍显单一，有时会出现过于注重细节的倾向，今后需要加强艺术性和灵活性以及方向上的整体引导。比如对于电视节目的形态调控上，管理部门应当更多地充当“裁判员”和“把关人”的角色，不必对各级电视机构日常的业务与活动过多过细地“发声”，否则将使电视节目的发展丧失自身应有的独立性和专业性。

（三）行业协会和社会组织的监督

行业组织是根据自愿基础和共同的诉求所组成的非营利性社会团体，包括行业协会、学会。在我国最具知名度和最有权威性的电视行业协会当属中国广播电视协会，其前身是1986年10月15日在北京成立的中国广播电视学会。2004年，经原国家广电总局和民政部批准，中国广播电视学会正式更名为中国广播电视协会，“作为全国性的广播电视行业组织，是由广播电视机构和从业人员自愿组成的非营利性的社会团体，是在党和政府领导下团结和联系广播电视工作者的桥梁和纽带。2014年更名为中国广播电影电视社会组织联合会”[①]。该组织资源非常丰富，辐射范围非常广泛，因而在对电视节目影响力的评价内容、标准、形式和结果等进行监督方面占有得天独厚的优势。

通常来说，与广电事业相关的行业组织和学会，除了具有所有行业组织所具有的共性之外，其自身还具备两大鲜明的特性，一是“意识形态性”，二是“中介性”。以“中国广播电影电视社会组织联合会”为例，各省、自治区、直辖市广播电视协会不仅担负着为电视节目“意识形态”把关的

① 参见百度百科“中国广播电视协会”词条，http：//baike.baidu.com/link?url=Aqn02qETa4d9EjyUhrvVcUpI8FtxaIAO6g9H9ajpC2_7MqlZsXrM-7WICrnMOKlDU3NRyBKHYs3aVEFblp5OroYOLsJwMTgLjQ27A1RfABbG6i6sJ7hWuKvg3oa9IFtl9DPxr-PTI2OCaltBrqq0BEJgGnB_iTSKznKJAMIve9C。

重要职责，而且担负着舆论引导的重大使命，因此电视节目影响力评价体系的导向是否正确、指标设定是否合理科学都要接受组织机构的监督。同时，该组织在促进电视事业发展、电视文化形成过程中还担负着服务功能，通过通知精神的“上传下达”，电视节目影响力评价体系的宗旨、目标、标准等核心内容可以顺利为“四级”广播电视机构所了解，并能够以行业组织为平台来贯彻执行评价精神。事实上，在接受行业组织监督的同时，电视节目影响力评价体系的组织单位还可以充分利用行业组织的协作平台，推出关于电视节目影响力评价体系的培训课程和进修项目。通过这些措施，促进电视节目影响力评价体系在电视从业者头脑中的认知和认可程度，为今后开展更大范围内的评价工作奠定良好的知识准备和组织准备。

除此之外，作为大众传媒，电视具有不可回避的公共性，必须传递社会公共诉求和公众意愿。因此，对电视节目影响力进行评价的专业体系和相关机构也必须接受来自社会层面的监督，而社会组织从中承担着重要而神圣的职责。在我国，社会组织具有鲜明的公益性和志愿性，可以对包括电视在内的媒体及其相关评价工作开展媒介监督批评。不过，在我国，行业协会和学会之外的社会组织对媒介活动及围绕其展开的评价活动进行的监督批评，总体上呈现较为零散和专业性不强等特点，亟须形成自身与媒介、评价机构之间的良性互动机制。

（四）受众的监督

作为电视节目影响力直接产生作用的客体，电视受众尽管具有很大程度上的被动性，但也绝非完全意义上毫无招架之力的“子弹”。特别是在新媒体时代，受众与电视节目影响力评价之间的关系越发呈现出“彼此建构”的态势。具体来说，一方面，受众的旨趣成为电视节目影响力指标设计的重要来源，无法对受众产生吸引、引导的电视节目，无法在受众市场形成品牌效应和融合效应的电视节目，必定无法对受众产生影响力；另一方面，受众的反馈又对电视节目影响力的评价具有“终审”意义，那些完全忽略受众感受和意志评选出的影响力节目是不会赢得受众首肯的。

从某种角度上说，受众的监督既是自发的又是自觉的。受众自发的集体无意识要求电视节目影响力的评价符合我们社会长期发展的文化心理和道德准则，不能违背一定时空环境业已约定俗成的政治观、历史观、文化观、生活习惯以及思维方式、思维习惯和情感方式。比如曾经一个时期，各地电视台争相开办以展现家庭纠纷、伦理矛盾为主要内容的情感调解节目，受众反响很热烈，个别节目的收视率也非常可观。但随着此类节目“揭丑”“扮演”“猎奇”的成分越来越高，受众的反映出现了截然相反的变化，很多受众甚至越来越厌恶这种与中华传统的“和谐观”和家庭伦理传统相违背的电视节目。由此可见，受众的自发监督尽管会有一个逐渐生成的缓慢过程，但却是最终能够匡正电视节目的负面影响的。至于说受众自觉的集体意识对电视节目影响力的评价就更为直接和富有针对性了。2008 年汶川地震发生后，很多电视台都进行了大规模的报道，其中尤以对震中受灾群众特别是失去亲人的儿童的报道最为业界所称道。但这种对于灾难直播报道的“肯定性”评价很快被一些心理学、社会学领域的“专家学者型”的受众批评甚至谴责，在这些受众的眼中，此处的摄像机镜头彻头彻尾地沦为窥视灾民内心痛苦的道具，身处“天灾”的人们正在经受更为残忍的来自“人的伤害”。从这个意义上说，受众对于电视节目影响力及其评价体系的监督不仅带给电视制作以正确的理念，更有关怀人心的“正能量”。

（五）其他方面的监督

除去评价机构的自我监督、管理部门的监督、电视行业协会的监督以及受众的监督之外，电视节目影响力评价体系还应当接受包括社会道德、文化习俗和法律的监督，并且善于和勇于将前者的基本规则、精神和要求贯彻在节目影响力的评价上。事实上，作为一个有权威性的评价机构，对那些健康的、积极向上、坚守社会主流价值观的电视节目给予及时而又公允的肯定性评价，不仅能够促进电视媒体收获更多的社会效益，还能陶冶和提升受众的素质，维护电视媒体的公信力；而对那些“弄虚作假、低俗炒作、混淆是非、误导受众”的电视节目给予有力而又客观的批评，则充分体现了电视节目影响力评价体系的社会责任感和社会担当。总的来看，道德、风俗和法律既要成为电视节目制作的“底线”，也应当成为电视节目评价的“底线”。如果说电视媒体本身就是信息传播的“把关人”的话，那么电视节目影响力评价体系则要成为“把关人”的“把关人”，而社会道德、文化习俗和法律的监督则是这种“双重把关”所秉持的利器。作为社会公共资源，电视媒体不能陷入追名逐利的怪圈，一旦出现导向上的偏差，电视节目影响力评价体系可以运用自己的方式来为从业者敲响警钟，避免社会公共空间遭到污染。

第三节　电视节目影响力评价体系的可持续发展

要想让评价体系获得社会的广泛认可，除了要求评价分析方法科学准确和监督机制完备保障之外，还应该具有可持续发展的能力。这就要求在具体执行过程中，尽量避免样本户污染等人为操纵事件的发生，要建立起客观、公正、透明的自律性机制，同时还要随着电视行业环境的变迁及时对评价体系进行调整，以适应电视媒体和新媒体的时代变化需求。

一、评价体系的自律性机制

（一）以体系架构夯实自律基础

电视节目影响力评价体系以“吸引力”、“品牌力”、“引导力”、“融合力”和“市场力”五力为基本架构，既保证了全面性和系统性，又突出了对重点指标的考量。“吸引力”考察的是电视节目能否引发电视受众的注意，是电视节目影响力形成的起点；“品牌力”考察的是电视节目能否优化电视媒体形象，是长效涵养电视节目影响力的正确路径；“引导力”考察的是电视节目能否正确引导受众和社会，是电视媒介生态的“底线”和“价值取向”；“融合力”考察的是电视节目能否应对新媒体环境，是全方位盘活现有传播资源和传播优势以占得未来发展的先机和生机的关键所在；“市场力”则考察的是电视节目能否在媒介竞争中制胜，是最能够直观反映电视节目在媒介竞争中的状态和地位的指标。

表 3–1　电视节目影响力评价体系理论架构

<table>
<tr><td rowspan="2">吸引力</td><td rowspan="2">本质
属性</td><td colspan="3" rowspan="2">创新性
贴近性
民族性
差异性</td><td>相关的评价要素</td></tr>
<tr><td>收视率
满意度</td></tr>
<tr><td>品牌力</td><td>本质
属性</td><td>专业性
文化性
延伸性</td><td>价值
基点</td><td>功能价值
情感价值
自我表达价值</td><td>收视份额（市场占有率）
利润率</td></tr>
<tr><td>引导力</td><td>形成
维度</td><td colspan="3">自律
他律</td><td>思想观念
人文情怀
责任意识</td></tr>
<tr><td>融合力</td><td>融合
路径</td><td colspan="3">媒介形态的融合
传播平台的融合
内容资源的融合
受众类型的融合
评价标准的融合</td><td>融合的广度
融合的深度
融合的频度</td></tr>
<tr><td>市场力</td><td>生成
领域</td><td colspan="3">产业链条
整合营销
制播分离
媒介融合</td><td>广告创收
收视统计
内容制作
节目交易
本土改造</td></tr>
</table>

从电视节目影响力评价的角度来看，“五力”的设置为其开展自律打下了坚实的基础。其中引导力作为其中的灵魂和主线存在，对其他“四力”

的评价进行引领。如果评价中过分倚重收视率或者广告招商的成绩，那么引导力就会开启“矫正”模式，以“思想性”、“人文情怀”和“责任意识”等指标对其进行综合评估，防止电视机构单纯追求经济效益而忽视了社会效益。事实上，真正的吸引力、品牌力、融合力和市场力都必须经受得住历史的考验、赢得绝大多数受众的认可，而历史和受众正是电视节目影响力形成的终极见证者和决定者。

（二）以体系运行确立自律保证

未来，电视节目影响力的实施和运行将严格遵守国家广电发展的长远规划和具体规章制度，以“自律”换取受众的信任和电视市场的青睐。具体来说，在评价之初，体系需要在各级各类电视台（机构）开展完全独立和高效的宣讲与培训，并在可能的情况下借助行业协会的平台与网络开展网络展示，使广大从业者和管理者对这套电视节目影响力评价体系的基本内容和评价方法、效果产生整体和全面的认知；随后，体系需要运用相关软件和数据库开展有关电视节目吸引力、品牌力、引导力、融合力和市场力等的大数据的跟踪调查，兼用抽样样本和大样本对某一特定时期的全国电视节目的播出情况进行分析和研讨；接下来的阶段，体系需要对收集来的数据展开基于本体系权重规定下的整体影响力的测算，在此基础上可以增加单项指标影响力的测算；当整体和单项指标影响力的测算完毕之后，体系可以择期发布影响力排行榜，向各个电视制作和播出机构、新闻媒体通报和发布；在发布影响力排行榜之后，体系还应当完成一项重要的工作，即回收各单位和组织的反馈意见，跟踪新闻媒体上的受众意见，综合分析之后再反过头来对原体系进行修正和完善。

综观电视节目影响力评价体系运行的全部过程，我们不难发现该体系本身有着比较强的自我干预和自我纠错的运行基因，能够比较及时地发现自身存在的问题，再加之充分利用新闻媒体和受众的反馈意见，有力地保证了体系自律的实现。比如，从机制的运行形式来看，电视节目影响力评价体系更多地带有“指导—服务式”的特性，即以指导、服务的方式来协调电视节目生产、销售、播出等各个环节和各个部分之间的相互关系，比如如何处理电视节目“吸引力”损害“引导力”的矛盾，等等。而从机制的功能来看，电视节目影响力评价体系需要分别建立以尊重被管理者的主体性为主旨的激励机制、建立有规可循有据可依科学合理的制约机制和公开公正的奖惩保障机制。从这个角度来看，电视节目影响力评价体制的体系运行确实为严格配置和调整研发、推广、评价、反馈和完善等的主要职能以及建立权责分明的岗位责任制提供了自律保证。

总之，该体系具备足够的敏感度，既能准确监测中国电视节目的总体发展，又能有效地为各电视媒介企业提供使用的影响力评估方法，进而反映甚至改善电视节目的品质。作为独立的调研单位、独立的媒体监测单位，电视节目影响力评价的信誉和口碑是能够得到保证的，行政和商业的力量在体系运行的过程所带来的潜在风险可以得到有效规避。

（三）以体系评估规避自律风险

近年来，有关电视节目收视评价的质疑和猜测越来越多，业界和受众对于很多评价结果表现出了极大的不信任。事实上，电视节目评价的最大自律风险就在于能否经受住行政意志的干预和商业利益的诱惑，对电视节目给予客观公正的评价，避免出现或“粉饰”或“抹黑”电视节目的非专业行为的出现。可以说，电视节目评价时而官方时而民间、时而商业时而非营利组织的“摇摆不定”，不仅造成了评价权威性难以树立，更会导致评价结果难以取得公信力。在我国，关于非营利组织的相关政策法规还不太健全，呼吁今后有更多政策出台为包括电视节目影响力评价组织在内的非营利机构保驾护航，更好地实现其“社会服务”“社会沟通”“社会评价”“社会裁断”的职能。

与此同时，“在我国，构建电视节目评估体系必然是有中国特色的，这是由我国电视业的特殊性质决定的，尤其是意识形态方面。它反映出中国电视业力图兼顾市场、技术、意识形态等方面的多种要求，追求舆论导向与市场机制、社会效益与经济效益共赢的特点。”[①] 抛开各种评价体系主要指标构成的不同、指标权重分配的不同、考核周期不一等的差异，各种评价体系尽管各有各的角度和侧重，但比拼到最后只有那些专业性强同时又能很好地规避自律风险的评价体系才能最终赢得尊重。电视节目影响力评价体系对“品牌力”十分看重，而反观其自身，又何尝不需要成为“品牌评价体系”方能在激烈的同业竞争中获得一席之地。这样的愿景也同样需要评价体系的设计者、操作者和监督者来共同完成。缺乏专业精神和自律精神的“评价从业者”必定引发评价的灾难，这是历史的经验教训，也是当前电视节目影响力评价体系面临的现实挑战，需要严肃对待。

二、评价体系的开放性保障

任何科学的评价体系都应当具备开放性的内在素质，电视节目影响力评价也不例外。而电视节目影响力评价体系敢于“开放”的前提就在于其体系基本要素（结构、标准、过程、方法、模型、人员、对象和结果）的公开。从某种角度上说，作为一套评价框架清晰、评价指标集中的电视节目评价体系来说，影响力体系要想在实践中赢得包括电视制作机构、播出机构、广告商和受众的承认，必须守得住行业的“底线”和“操守”，禁得住全方位“开放”的公众监督，在众多评价体系中靠信誉赢得口碑，靠专业塑造品牌。

（一）结构公开

电视节目影响力不仅包括市场力、品牌力、引导力、环境力和融合力五个不同性质的指标之间的“横向结构”，也包括五个指标与各自下一维度指标之间的“纵向结构”。除此之外，电视节目影响力评价体系还涉及电视媒介组织之间的“竞合结构”，等等。公开这些结构关系的图谱，不

① 任媛媛：《电视节目评估体系与品牌建设》，《青年记者》2011 年第 8 期。

仅能够帮助体系使用者和被测量者做到评价的有的放矢，同时也会增加体系施加影响的视域与空间。

（二）标准公开

电视节目影响力评价体系的出台和推广既需要被测量节目及其制作和播出单位的配合，也需要受众的及时反馈，因此其标准的制定和细化不可能在不被人知晓的情况下进行。只有清晰、简明、可操作性强、各方关注的评价标准才能形成属于自己评价品牌的“影响力”，才能在评价体系频出、排行榜过滥的当今电视媒介生态中获得一席之地。如果标准在发展中需要调整和修正，评价体系的制定者也应当第一时间向使用者和公众告知，以免引发不必要的误解和混乱。

（三）过程公开

一次评价行为的发生，往往不会在较短时间就能完成。因此，对于电视节目影响力评价体系来说，评价前、评价中和评价后的全部过程必须置于“阳光之下”，接受社会、行业组织和广大公众的监督，避免出现“暗箱操作”和“人为干扰”。特别是在评价进行当中，电视节目的相关信息、频道的相关信息、电视台的相关信息、广告商和受众的相关信息有必要进行动态的和阶段性的公示，以“透明”换取信任、以“透明”换取权威。

（四）方法公开

电视节目影响力的建模方法和操作方法都是评价体系聘请专家学者研究产生的，其中的专业性和科学性是具有保证的。在评价体系的宣讲和推介阶段，具体方法就会在第一时间向相关人员普及和说明，“怎么算”的疑惑一定不会积累到“算出来”的阶段，从而引发公众的各种猜测。方法的公开不仅表明了电视节目影响力评价体系的自信，也表明了该体系希望成为中国权威评价体系的愿景和决心。

（五）模型公开

电视节目影响力的模型在课题申报阶段业已进入专业视野，在真正投入运行之后会有越来越多的业内人士和受众对此有更为全面和详尽的了解。比如说一级指标和二级指标的设定，之间的关系，如何转化，权重的考虑，如何进行同质计算……都会在公开的模型及其说明中找到答案。模型就如同电视节目影响力的说明书，关于它的基本精神和内涵都能在模型中得到阐发。因此，模型也成为影响力评价体系中含金量最重的部分和信息量最大的部分。

（六）人员公开

与电视剧节目影响力评价体系息息相关的人员主要分为四大类，研发人员、推广人员、实施人员和分析人员。这四类人员主要来源于各个科研院所的专家学者、业内人士、第三方人士和相关的行政管理者。这样的人员配置既考虑了科学运行的有效性，也考虑到了媒介实践的现实情况。从某种程度上说，一个评价体系的成功普及和为社会所认同，需要体系中的各种职能人员的通力协会与互相配合。公开人员的构成，可以真正实现以“人力资源”促进“评价资源”的全方位整合与升级。

（七）对象公开

作为电视节目影响力的评价对象，不同平台制作的电视节目应当在评价之初就向公众公开。特别是民营电视台机构的参评节目，要具备与中央级和省级等电视机构平等的评价资格和机会。评价主体更应确立一视同仁的评价准则，杜绝任何形式的倾向和偏向出现。在“五力”的逐项考察中，不同节目的表现可能会因为来源和所属性质有所不同，其评价结果也会有所差异，但对象的公开能最大限度地保证评价的客观和公正。

（八）结果公开

最后，电视节目影响力的评价结果要在第一时间在包括报纸、广播、电视、互联网等媒体上予以公布，并以各种形式向参评节目机构发出通知。评价结果还应同时公开由权威公正机关发放的公证书，以确保其合法性。对于各个电视节目来说，有关影响力的评价结果事关电视节目的声誉和未来的广告招商等重要方面，需要评价机构慎重对待。一旦评价结果未能及时发布，将会引发各参评机构的不满和不信任，影响下一个周期评价工作的继续开展。

第四节　电视节目影响力评价体系的知识产权保护

“知识产权是指人类智力劳动产生的智力劳动成果所有权。它是依照各国法律赋予符合条件的著作者、发明者或成果拥有者在一定期限内享有的独占权利，一般认为它包括版权和工业产权。版权是指著作权人对其文学作品享有的署名、发表、使用以及许可他人使用和获得报酬等的权利；工业产权则是包括发明专利、实用新型专利、外观设计专利、商标、服务标记、厂商名称、货源名称或原产地名称等的独占权利。”[①] 今天，知识产权保护已成为国际贸易和文化产业交流的基础条件。

作为知识产权的重要成果，电视节目影响力评价体系不仅能对国家文化产业的大发展大繁荣起到有力的推动作用，而且还能在一定程度上产生示范效应和辐射效能，带动电视节目生产、播出、交易等整个产业链的勃兴。由此，国家应对我国自主研发的这一电视行业评价体系予以政策、资金以及机制的倾斜与保障，并营造相对宽松的环境来确保给评价体系能够尽快确立自身在电视生态环境中属于自己的“影响力”。

---

① 《知识产权保护》，百度百科，https：//baike.baidu.com/item/%E7%9F%A5%E8%AF%86%E4%BA%A7%E6%9D%83%E4%BF%9D%E6%8A%A4/6064833？fr=aladdin。

一、政策的倾斜

没有国家宏观政策的支持，电视节目影响力评价体系不可能研发出来，更谈不上大力的宣传和推广，也更不可能赢得资金和机制的保障。但从版权保护的角度来看，当前我国对于电视节目相关评价体系的政策支撑有待加强，与电视节目评价相关的具体的、微观层面的知识产权政策配套亟须完善。在这种现实背景下，电视节目影响力评价体系在未来的运行和使用中亦有可能遭遇侵权等的危害，由此必须呼唤国家政策层面对于知识产权的保护。

如何完善自身在电视节目评价等领域知识产权保护政策的“短板”，我国完全可以借鉴国外的一些做法，例如，比对“国际标准”组织制定和完善的版权管理的“国家标准”，从业务操作的各个流程（版权创造、运用、管理和维护等）入手，通过建立相关的专业性机构来提高知识产权管理的水平，避免各级电视版权工作长期处于一种无序的原始状态下运行。

二、资金的支持

从知识产权保护的角度来看，电视节目影响力评价体系的资金需求大体分为五个领域：研发、推广、评价、反馈和完善。而如果电视节目影响力评价体系定位于第三方机构，那么其管理者们便应在资金来源上以“常设基金会”的方式维持其版权的运行与管理。事实上，在电视节目影响力评价体系的研发阶段要经过不断的论证和试运行，因此对这一部分投入的版权维护资金相当可观，但与此相矛盾的是，此时评价体系尚未在学界和业界产生“影响力”，即便成立有基金会，其也正处于初级阶段，因此此时的资金缺口应当是相当大的。鉴于此，电视行业协会应当本着积极扶持的态度给予一定的资金援助，并利用自己的平台为评价体系的反复调试提供组织保障。

除此之外，国家还可以通过科研立项（纵向、横向）等方式为类似的评价体系提供版权保护的经费支持。众所周知，近些年来，我国在人文社会科学领域的投入在不断地增长，特别是对于与文化产业发展息息相关的重点项目，国家给予的资金扶持常常令这些项目获得可持续发展的蓬勃动力与活力。对于电视节目影响力评价体系来说，能够在今后的运行中继续得到科研经费的支撑将会是另外一条可行的知识产权的维护路径。

三、机制的保障

当代中国电视事业的发展正处在一个难得的机遇期，日趋完善的媒介生态环境正在不断地为其注入生命力与活力。在这样的历史背景下，电视节目影响力评价体系更加需要有良好的机制以维护其知识产权。一方面，电视节目影响力评价体系各部分之间的相互关系要保持高度的协调性，并以足够的灵活性和开放性应对电视节目不断出现的新情况、新问题。另一方面，电视节目影响力评价体系要能对各种政策、导向做出快速而适当的反应，及时调整指标和标准，以优化评价目标。在这个过程中，体系自身的内部因素起主要作用，而知识产权的保护则成为有力的外部保障。第三个方面，电视组织和机构要能够将知识产权的保护纳入长效机制当中，将其最为一项基本工作和系统工作加以开展，以知识产权的保护为切入点，激励电视评价工作的不断创新，维护好该领域的竞争秩序，确保这一无形资产不受到损害。总而言之，保障电视节目影响力评价体系知识产权的重要条件，一是体制，二是制度，它们作为载体维护评价体系的运行，今后要培养专门的管理人才，进一步厘清相关利益关系，促进电视节目影响力评价体系管理流程和机制的尽快完善。

四、意识的提高

不可否认的是，当前我国电视领域的知识产权保护工作正处于起步的基础阶段，认识尚未完全统一，一些电视机构及其从业者对于知识产权的“权利意识”“资产意识”“管理意识”还都比较淡漠。当然，这种局面正在逐渐扭转，基于节目版权的维护意识已经得到了加强。但就电视节目评价而言，其知识产权的意识提升尚有很长的一段路要走，特别需要在全行业范围内进行有关此领域的大力宣讲。事实上，电视节目影响力评价体系所蕴含的内容和理念，不仅代表了一国电视事业发展的正确方向，也凝聚了电视事业发展的客观规律，其所凝聚的智力价值绝对不容忽视和小觑。从知识产权的角度来看，电视节目影响力评价体系首先是多种权利的集合，在实施的过程中，其可利用的范围取决于与各种权利人之间的协议约定，具有法律效力。其次，电视节目影响力评价体系属于体系研发者和持有人的无形资产，根据其产生的排行榜、排名等可以创造可观的经济效益，并可能随着时间的推移附加出历史文献资料等的价值，因此应当设置专人予以管理。最后，电视节目影响力评价体系的整体使用、组合使用、单指标使用和定制使用等均能提高评价体系的再利用率和交易率，因此在研发之初，便应树立起投入产出观念，制订详细的知识产权使用计划，并在日后记录使用信息，促进它的综合、高效利用。

第五节　电视节目影响力评价体系的推广

作为有中国特色的电视节目评价体系，不仅要作为国家标准积极加以推广，而且更应该在文化全球化的今天，大幅度推向国际市场。一方面抓紧把评价体系中意识形态特点不太明显的部分作为独立的评价标准到国外申请知识产权保护，为国际电视媒体提供评价服务，用中国力量推动国外电视行业按照有利于我国的方向发展；另一方面还得为中国电视节目的进口提供评价标准，对于评价较低的产品坚决予以拒绝。

一、基于海外电视媒体服务的国际化战略

党的十九大报告提出，“满足人民过上美好生活的新期待，必须提供丰富的精神食粮。要深化文化体制改革，完善文化管理体制，加快构建把

社会效益放在首位、社会效益和经济效益相统一的体制机制。完善公共文化服务体系，深入实施文化惠民工程，丰富群众性文化活动。加强文物保护利用和文化遗产保护传承。健全现代文化产业体系和市场体系，创新生产经营机制，完善文化经济政策，培育新型文化业态”[①]。多年来，在党中央的高度重视和坚强领导下，作为我国文化产业的重要组成部分，电视事业逐渐进入快速发展的阶段，而电视文化软实力的提升也在促进着我国文化产业国际竞争力的增强。但是，与党的要求、人民的需求和国家软实力提升的需要相比，电视媒体还有很大差距，其在辐射国际、服务海外方面还存在着巨大的提升空间，特别是在电视节目制作、版权交易以及电视节目评价标准输出等方面，还有一段很长的路要走。

众所周知，当前我国电视媒体普遍使用的节目评价标准，无论是标准还是理念、模型几乎肇始于国外。作为使用者，我国在电视节目评价方面长期缺乏自己的声音，不能建立起符合中国电视事业发展独特轨迹的、拥有自主知识产权的评价体系。有些强势媒体，尽管在评价体系构建方面也进行了很多有益的探索和尝试，但却在知识产权的申请和维护方面欠缺自觉意识，更无法依托评价体系的开发获得可观的经济效益。在这方面，本书所研发的电视节目影响力评价体系以“吸引力”“品牌力”“引导力”“融合力”“市场力”为抓手，严格遵循电视媒体发展的一般规律，以自主创新的精神和姿态为电视节目的品质和效益提升贡献了宝贵的智力支持。如果将其中意识形态特点不太明显的部分作为独立的评价标准到国外申请知识产权保护，无疑将成功实现为国际电视媒体提供评价服务的目标。

二、基于海外电视节目进口的国际化战略

当前，电视节目进口已日趋成为我国电视节目的重要来源之一。节目

① 《习近平：坚定文化自信　推动社会主义文化繁荣兴盛》，央视网，2017 年 10 月 18 日，http: //news.cctv.com/2017/10/18/ARTIlxDz3XFa1Nu5mkJE1cSk171018.shtml。

进口考验的是引进者的眼光、勇气和智慧，因此如何做好进口电视节目的把关和审核就成为摆在电视管理者和经营者面前的重大问题。而本书所研发的电视节目影响力评价体系显然能为此提供科学而准确的“把关尺度”，并能够最终将“影响力标准”顺利导引为“本土化改造”的方向，为国际电视节目进口的国际化战略保驾护航。

电视节目影响力评价体系的框架和基本理念，对于我国引进国际电视节目是具有非常显著的借鉴意义的。其所设置的评价标准不仅涵盖了电视节目本体的全部制作生产要素，同时也顾及了我国的政治、经济等的具体国情和文化语境，并且深刻体现出了全媒体时代对电视节目在技术升级等方面的各种影响。因此，电视节目影响力评价体系理应成为我国电视节目进口所依托和信赖的参考工具，从而促进我国电视节目快速融入世界传媒的发展潮流之中，赢得更为坚实的文化软实力。

附 录

电视网络影响力：中国电视评价标准发展的新坐标①

2008 年 6 月 21 日，由中国广播电视协会、中国传媒大学、中央民族大学三家机构共同举办的“《2008 中国电视网络影响力报告》颁布仪式”（以下简称颁布仪式）暨中国电视五十周年高峰论坛，由三家机构联合组成的

① 李德刚，李岭涛：《电视网络影响力：中国电视评价标准发展的新坐标》，《中华新闻报》2008 年 7 月 9 日。

2007 年李岭涛在国内率先提出电视节目的网络影响力指标，并开始带领中国广播电视协会、中国传媒大学、中央民族大学联合课题《中国电视网络影响力研究》的三十余人专家团队进行新型电视评价体系的研究。这是国内乃至世界首次从网络角度对电视节目进行系统研究。研究将“网络影响力”这一概念作为全新的标准运用到了中国电视的评价当中，致力于建构起基于网络影响力的新型中国电视评价体系，在依靠传统媒体掌握网络媒体发展主导权方面进行了有益的探索。

初步研究中，电视媒体的网络影响力主要由三项指标构成，一是网络知名度指标，二是网络被关注度指标，三是网络收视度指标，三大指标的加权平均之和即为最终网络影响力指标。

2008 年 6 月，课题组第一次发布研究成果《中国电视网络影响力报告（2008）》，报告包括 2007 年度中国最具网络影响力的十大电视事件、十大省级卫视栏目、十大省级卫视频道、十大央视栏目四方面内容。

本文以及后面的《网络影响力——电视评价新指标》从不同方面对研究成果进行了介绍。

课题组首次提出了“网络影响力”的全新概念，并公布了2007年度中国最具网络影响力的省级卫视频道、省级卫视栏目、电视事件、CCTV栏目排行榜。

调查结果公布之后，立刻在业界和理论界引起了较大的反响，受到原国家广电总局、中国广播电视协会领导以及业界精英和专家学者的高度肯定。原国家广电总局副总编辑黄勇认为，电视网络影响力理论的提出“既是电视理论研究的创新和拓展，也是对科学构建电视收视评估标准的有价值的探索和实践”，“将为构建未来中国现代传播新体系铺垫理论基石留下足迹”（黄勇在颁布仪式上的讲话）。中国广播电视协会副会长张振华则认为，“电视的网络影响力标准的提出不仅是对以往收视率调查指标的进一步完善和重要补充，而且也是电视理论和研究实践的重要突破”，“随着研究的深入，电视网络影响力必将成为与收视率同等重要的，评价电视表现的又一个风向标”（张振华在颁布仪式上的讲话）。中国传媒大学教授胡智峰认为，电视网络影响力的提出是“具有里程碑意义的事情，使我们获得了新的方式来重新审视电视”（胡智峰在颁布仪式上的讲话）。而云南电视台台长、原中央电视台海外中心主任赵树清认为，“电视网络影响力评价体系的创立具有里程碑意义，因为这个评价指标代表了新媒体、网民对电视的评价。而且网民的构成都是高学历、高收入、高品位的，所以它的含金量远远超过了收视率”（赵树清在颁布仪式上的讲话）。

为了让读者对“电视网络影响力”这一全新的概念和评价方式有更为全面的认识和更为深入的了解，本文将对联合研究小组的主要研究成果进行公布，以供读者和专家批评指正。

一、电视在虚拟世界的影响：“电视网络影响力”的定义

“电视网络影响力”是中国首次提出的一个概念（张振华在颁布仪式上的讲话），这一概念的提出是中国乃至世界首次从网络角度对电视进行研究，具有自主知识产权的创新性活动，填补了理论研究的空白（中央民

族大学副校长马文喜在颁布仪式上的讲话）。毫无疑问，“电视网络影响力”这一概念是本次研究的核心概念。那么什么是“电视网路影响力”呢?所谓电视网络影响力既非指的是“电视网络的影响力”，因为在中国还不存在类似美国 NBC、CBS 等的电视网；也不是指的“有线电视网络的影响力”，因为有线电视网络在中国均具有地域的垄断性，创造全国性影响力的客观条件尚不具备；更不是指的“电视台网站的影响力”。这里所谓的“电视网络影响力”指的是我国电视栏目、电视频道、电视事件等在互联网这个虚拟世界中影响力的大小。

随着互联网的快速发展，网络对传统媒体，尤其是对电视的冲击越来越令人不可小觑。但是，面对互联网对电视的蚕食，如何“实现传统媒体与新媒体的优势互补、联动传播，以老带新、相互促进，直至走向整体的融合”（黄勇在颁布仪式上的讲话），一直以来都是传媒理论研究的一大“瓶颈”。而“电视网络影响力”概念的提出，是首次从网络的角度对电视的影响力进行评估，是首次以新媒体受众的标准对传统媒体的发展进行引导的一个指标，为电视媒体与网络媒体的沟通与融合架设起一座理论研究和实践发展的桥梁。

二、网络舆论引领社会关注：“电视网络影响力”概念提出的背景

根据 2008 年 1 月中国互联网络信息中心（CNNIC）发布的最新的《第 21 次中国互联网络发展状况统计报告》，截至 2007 年 12 月，中国网民数量已增至 2.1 亿，位居世界第二。网络作为一种全新的媒介样式，在不断创造出新的媒介功能的同时也在重塑着传统媒介的传播模式和传播机理，其基于 Web2.0 技术的以博客、播客、论坛、BBS、社交网站等为代表的网络虚拟社区的形成更是将互联网的交互性能发挥到了极致，受众不再是被动的信息接收者，甚至不是传统意义上的媒介消费者，而是主动的信息接收者、信息传播者和行为参与者，在颠覆了以传播者为核心的传统媒介文化体系

的同时，也建构起一种以虚拟社区为平台和载体的全新的媒介文化样式——参与式文化（participatory culture）[①]。因此，网络媒体不仅在改变着信息的传播方式，而且还在改变着中国的社会生态环境。在被媒体热炒的厦门PX项目事件、山西“黑砖窑”、太湖蓝藻事件，到早前重庆发生的“史上最牛钉子户”、彭水诗案，再到更早前的刘涌案、孙志刚案等，都能看到新媒体在网民参与下在舆论监督方面所起的巨大作用。美国《时代》周刊更是在2006年将“全体网民”评选为2006年的年度人物。至此，一种“知情者网上发帖—事件迅速在互联网传播—被传统媒体报道—报道再次被网络转载—引起政府高度重视—问题得以解决”的信息传播和舆论监督模式开始形成。

2008年6月20日，中共中央总书记、国家主席胡锦涛更是首次通过网络与网友进行交流，指出“通过互联网了解民情、汇聚民智，也是一个重要的渠道”。中国青年政治学院展江教授认为，这是胡锦涛第一次专门就媒体问题发表讲话，是对中国网络民意的肯定，其精神与十七大报告一脉相承，既有中国官方对待媒体的传统观点，也有大量主张开放的元素，表明网络力量已彻底纳入官方视野[②]。可以说，在中国今天的舆论环境下，网络媒体对以电视为代表的传统媒体，以至于对整个社会的巨大影响力已经成为无可辩驳的事实。

那么反过来，电视在网络世界中究竟具有多大的影响力呢？哪些电视节目，哪些电视频道，哪些电视事件在网络引起了网民的关注？一个在现实世界中具有较高收视率的电视节目、电视频道是否在虚拟世界中具有同样的影响力？在现实世界有效的生存法则在网络世界是否依然通行？对于这些问题的解答，不仅有利于研究网络媒体与电视媒体在内容传播上的特点，

① 李德刚，何玉：《新媒介素养：参与式文化背景下媒介素养教育的转向》，《中国广播电视学刊》2007年第12期。

② 李静睿：《专家称胡锦涛与网民交流肯定网络民意合法性》，《新京报》2008年6月22日。

而且更有利于提升电视内容在网络世界二次传播的效果，有利于通过网络塑造电视媒体的品牌形象。基于此，联合研究小组提出了“电视网络影响力”的全新概念。

三、节目、频道与事件排行榜：“电视网络影响力”研究的内容

从网络影响力的视角重新对电视媒体的影响力进行整体评价是一个前所未有的全新挑战。课题组认为，电视媒体的网络影响力主要由三项指标构成，一是网络知名度指标，二是网络被关注度指标，三是网络收视度指标。所谓媒体知名度指标指的是由正式机构发布的关于某一电视媒体的信息量的总和。这一指标表明了某一电视媒体的信息在网络中信息传播的广度。课题组将选取网络中主要搜索引擎的搜索结果的平均分作为最终得分；所谓媒体被关注度指标指的是某一电视媒体在网络各大论坛中的被讨论的量，被讨论次数越多表明媒体越受关注。这一指标表明电视媒体在网络中的信息传播深度。课题组将选取主要搜索引擎的论坛搜索结果的平均分作为最终得分；所谓媒体的网络收视度指的是电视媒体生产的内容在网络中被收看/被下载的次数，表明受众的主动收看行为，是电视媒体网络影响力的最高指标。课题组将选取主要电视内容下载网站中电视节目的被下载次数的平均分作为最终得分。最后，三大指标的加权平均之和即为最终媒体影响力指标。

电视网络影响力是一个新生事物，社会对其认知度还不高。为了在较短时间内提高人们对它的知晓度和接受度，课题组把排行榜作为研发的立足点。

由于栏目、频道和媒介事件能够基本反映中国电视业一年间所发生的重大变化，因此课题组将基于网络这一全球最大的媒介平台，透过虚拟世界映射现实境况，以网络传播效果作为评估电视栏目、电视频道和电视媒介事件影响力的全新标准，把研发对象概括为三部分，即 2007 年度最具网

络影响力的十大电视栏目（省级卫视 / 央视）、最具网络影响力的十大省级卫视频道、最具网络影响力的十大电视事件。

年度电视栏目主要指的是具有全国影响力的上星电视栏目，包括省级卫视和央视。省级频道是除央视之外较具全国影响力的地方性频道，它们涌现出了一大批既叫好又叫座的优秀电视节目。因此，省级卫视及其栏目将是本次研发的重点。具体做法是，一方面按照电视剧类、真人秀类、综艺游戏类、谈话类的分类标准，将省级卫视各大栏目逐一进行统计，最后评选出各节目类型中最具网络影响力的十大栏目；另一方面，对央视除新闻栏目以外的所有栏目进行大排名，最后选出最具网络影响力的央视十大栏目。年度省级卫视频道主要反映各省台上星频道的影响力。课题组将根据得分评选出 2007 年度中国最具网络影响力的十大省级卫视频道。年度电视事件指的是那些在业界产生一定影响的电视活动，既包括各电视频道对一些重大事件的报道活动，也包括电视媒体为了扩大自身影响力而人为安排的公关营销活动。媒介事件造就媒介品牌。媒介事件是电视媒体对其日常节目播出活动最为重要的补充，是电视频道提高品牌形象、扩大社会知名度的重要手段。从媒介事件的视角考察电视媒体影响力，在国内尚属首次。课题组根据得分评选出了 2007 年度中国最具网络影响力的十大电视事件。

栏目是电视台的微观组织，频道是电视媒体的中观平台，媒介事件是整个电视媒体的宏观行为。三个不同的研究对象体现着三个不同的层次，对三个不同层次的考察就一定程度上是对电视媒体整体的考察。但是，排名并不是课题组的最终目的，我们的目的是通过排名发现那些真正受到受众欢迎的、在网民中真正形成影响力的栏目、频道和媒介事件，并对其进行全方位的外科手术式的解剖，揭示其笑傲网络江湖的武功秘籍，为我国其他电视栏目、电视频道的创新与发展提供直接的实战指导，从而直接影响我国电视行业的发展进程。

四、非权力影响力对收视率的补充："电视网络影响力"研究的意义

当前节目最为重要的评估手段是收视率，但收视率是受众在强制状态下做出的一种被动性反应，既无法反映受众的主动性要求，又无法代表受众的真实满意程度，更无法测量电视机构的社会影响力。而在网络中，没有时间的强制性限制，没有频道的强制性选择，受众对某一电视节目的喜爱与憎恨可以最大限度地得到释放，这是一种发自内心的主动性的自我选择。而这种主动性选择所依据的基础则是电视传播模式的改变，即由直接传播模式向间接传播模式改变（见下图）。

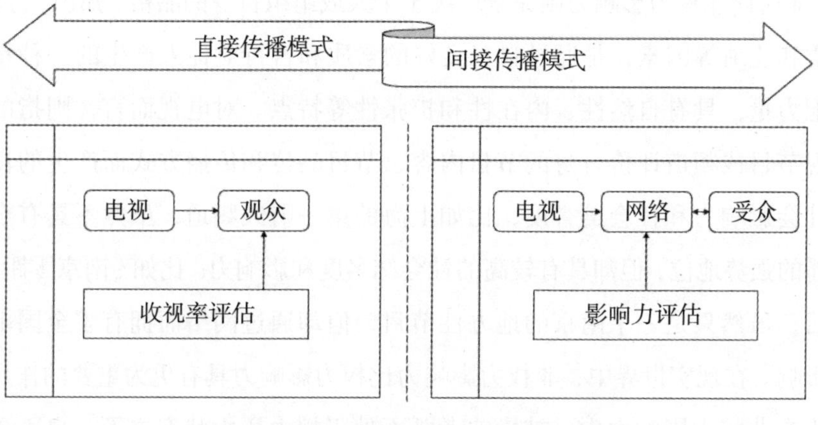

直接传播模式向间接传播模式的改变图

在第一种传播模式中，受众处于被动接收的地位，收看什么，什么时候收看，都是由电视台决定的；而在间接传播模式中，由于网络这一中介环节的出现，改变了电视与受众之间的强制性收看关系。电视内容被传播到网上以后，网络受众便具有了主动选择与主动收视以及主动反馈的权力。受众一旦具备了信息反馈的权力，网民便可通过文字、视频等表达方式对电视节目的内容和电视机构的活动进行评价。而在直接传播模式中，由于受众得不到直接反馈的机会，因此我们只能对受众的收看行为进行评估，即

什么时间收看了什么节目，而这个节目对受众究竟产生了怎样的影响则无法测量。如果将电视的影响力分为权力影响力和非权力影响力的话，那么直接传播模式产生的是权力影响力，而间接传播模式产生的则是非权力影响力。所谓权力影响力指的是指个人或组织由于其承担的职务或被赋予的社会权力而产生的与其职务相应的一种支配力量，权力影响力的大小取决于职位的高低。挪用到电视媒体上，其权力影响力指的是电视媒体在传媒市场中所拥有的强制性地位所产生的强制性的影响力，比如中央电视台的新闻联播在晚间 7：00—7：30 这一时段的强制性垄断地位；比如中央电视台体育频道在奥运会报道中所具有的强制性垄断地位，等等。中央电视台作为国家电视台所具有的权力影响力是其他省级卫视和地方电视台所不具备的。而所谓非权力影响力则完全取决于个人或组织自身的品格、知识、才能、气质和业绩等因素，是通过自身良好的素质和言行对他人产生的一种精神支配力量，具有自然性、内在性和扩张性等特点。对电视而言，则指的是电视节目或频道评价自身的节目内容、节目品位和传播方式而产生的良好的社会影响力和社会美誉度，比如上海的第一财经频道，虽然不具有全国传播的强势地位，但却具有较高的社会知名度和影响力；比如《南京零距离》节目，虽然只是一个南京的地方性节目，但却通过网络而拥有了全国范围的影响。在现实世界中，非权力影响力比权力影响力具有更为重要的作用。因为在非权力影响力中，被影响者既不处于权力压力状态之下，也不受直接利益的束缚，所以，一个人一旦接受了非权力影响力就意味着他不仅会在表面上表现出服从，而且更重要的是会在内心深处对其产生信任，总之，这是一种心甘情愿地主动服从和主动接受。从这个意义上讲，研究电视媒体的网络影响力，实际上是研究电视媒体的非权力影响力。

长期以来，中国电视媒体的研究者更多地专注于电视的权力影响力研究上（典型表现便是收视率研究），这是一种基于不同电视频道层次、不同传播区域所进行的研究；而关于电视媒体的非权力影响力的研究则极为少见。而伴随着网络所带来的新的传播机会，尤其是网络所产生的对地域限制的突破，随着传媒领域市场化程度的提高，尤其是基于行政权力所产生的垄断权力的日渐减少，在日渐自由的媒介市场中，电视媒体的权力影响力将日渐缩减，如何提高电视媒体的非权力影响力将被提上议事日程。

五、最具网络影响力的中国电视：2007 年调查结果

经过 30 多名科研人员一年严格、科学、客观的网络调查和分析，《中国电视网络影响力报告（2008）》新鲜出炉，并已由社会科学文献出版社出版。2007 年度中国最具网络影响力的十大电视事件、十大省级卫视栏目、十大省级卫视频道、十大央视栏目的调查结果也随之隆重推出。

1. 2007 中国最具网络影响力的十大电视事件排行榜

（1）《快乐男声》（湖南卫视）

（2）《赢在中国》（中央电视台）

（3）《感动中国》（中央电视台）

（4）《加油，好男儿》（东方卫视）

（5）《红楼梦中人》（北京卫视）

（6）《春暖 2007》（中央电视台）

（7）《倾国倾城：最值得向世界介绍的中国名城》（中央电视台）

（8）《2007 年度中国经济年度人物》（中央电视台）

（9）《我的长征》（中央电视台）

（10）《香港回归十周年》（中央电视台）

湖南卫视凭借《快乐男声》选秀一举摘得十大电视事件之冠。在前十名的电视事件中，中央电视台凭借其强大的全国性影响力占据了七席位置，而入围的三家省级卫视的电视节目无一不是真人秀类节目。可见，2007 年度，真人秀类节目不仅是报纸等传统媒体报道的热点，而且也是网络媒体追逐的焦点。另外，十大电视事件中 60% 为竞赛评选类活动，说明人与人之间的竞赛永远是吸引人们收视的法宝之一。引起课题组注意的是《感动中国》

《春暖 2007》《我的长征》等公益电视事件的入围，这不仅有力地驳斥了网络世界“娱乐为王”的唯一生存法则，而且也说明随着我国网民素质的提高，国家、社会等严肃问题同样也可以为网民所追逐。

2. 2007 中国最具网络影响力的十大省级卫视栏目排行榜[①]

（1）《士兵突击》（电视剧，八一电影制片厂等制作）

（2）《快乐男声》（真人秀，湖南卫视）

（3）《加油，好男儿》（真人秀，东方卫视）

（4）《红楼梦中人》（真人秀，北京卫视）

（5）《舞动奇迹》（真人秀，湖南卫视）

（6）《奋斗》（电视剧，北京鑫宝源影视公司）

（7）《金婚》（电视剧，北京电视艺术中心制作）

（8）《我型我秀》（真人秀，东方卫视）

（9）《快乐大本营》（综艺，湖南卫视）

（10）《群星耀东方》（综艺，东方卫视）

2007 年度十大省级卫视节目是中国目前最为流行的电视节目类型的缩影：电视剧、真人秀节目和综艺节目。真人秀节目占据了半壁江山，电视剧和综艺节目则占据另外一半天下，正所谓得真人秀者得天下。而《士兵突击》能够突破真人秀的重重包围得以占据榜首无疑是最值得关注的现象。《士兵突击》是 2007 年中国电视界最为重要的媒体事件。在这个流行帅哥靓妹的时代，一部“三无”（没有美女、没有爱情、没有明星）产品却可以火爆整个网络世界，并由网络再次征服电视受众。可以说，如果没有网络也就没有《士兵突击》的火爆。这也再次表明，任何时代，电视受众都会保持一个多元的口味，当同质节目在“红海”厮杀的时候，个性化的节目往往能够在“蓝海”取得出奇制胜的效果。

---

① 2007 年，各省级卫视电视剧多以电视剧场栏目形式固定时段播出，故此处界定为栏目类型。

3. 2007 中国最具网络影响力的十大省级卫视频道排行榜

（1）北京卫视

（2）湖南卫视

（3）旅游卫视

（4）东方卫视

（5）河南卫视

（6）安徽卫视

（7）河北卫视

（8）云南卫视

（9）广西卫视

（10）广东卫视

这是一张与收视率调查数据大不相同的排行榜。根据去年央视索福瑞的收视率调查结果，排名前三的省级卫视分别为湖南卫视、安徽卫视和重庆卫视，但在网络世界中，北京卫视却凭借着人文、奥运节目的优势拔得头筹，湖南卫视屈居第二。收视率排名较为靠后的旅游卫视却凭借着旅游节目的独特优势赢得了网友的青睐，高居第三。安徽卫视这个凭借电视剧换来高收视率的频道却在网络世界中仅排名第六，再次印证了“高收视率”并不代表“大影响力”的道理。

4. 2007 中国最具网络影响力的中央电视台十大栏目排行榜

（1）《百家讲坛》

（2）《同一首歌》

（3）《艺术人生》

（4）《动物世界》

（5）《对话》

（6）《新闻调查》

（7）《探索·发现》

（8）《走近科学》

（9）《非常 6+1》

（10）《大家看法》

与省级卫视最具网络影响力的电视栏目均流行的节目样式不同，中央电视台最具网络影响力的电视节目体现出了非时效性、知识性的特点，随时收看、重复收看成为这类节目网络收视的主要特征。可见，娱乐、知识、非实效性、悬疑、对话等节目元素能够在一定程度上增加栏目的网络影响力，非实效性、生命周期较长的栏目在赢取网络影响力方面具有较大优势。

通过调查结果可以发现，电视栏目、电视事件、电视频道的网络影响力与电视节目的收视率之间存在着一定程度的正相关性，那些在电视屏幕上具有较高收视率的电视节目和电视频道也往往会具有较高的网络影响力。但是，调查结果也同样表明，这种正相关只是一种弱相关，有些具有较高收视率的电视节目却在网络影响力方面较小，比如以《新闻联播》为代表的新闻报道节目等。

六、网络化生存策略：电视网络影响力的打造

通过对 2007 年度最具网络影响力的中国电视的调查结果可以发现，但凡进入前十名的电视栏目、频道和事件都拥有较强的网络传播意识，并建立起了适应网络特点的传播方式，从而在网络世界中确立了自己的位置。概括而言，主要具有以下网络生存策略。

首先，网络传播的根据地策略。调查发现，进入 2007 年中国电视节目网络影响力排行榜的节目全部都建立了自己的官方网站。整合网络上下资源，构建粉丝“和谐之家”，打造独立网络平台，所有这一切都依赖于电视节目门户网站的构建，这是电视栏目网络化生存的第一步，也是节目在网络世界中蔓延的前提。官方网站不仅要将所有的官方资讯，以及网上网下的资源集合在一起，而且也能够将那些忠实的节目“粉丝”网络在一起，成为一个名副其实的“粉丝互动之家”。

其次，网络传播的多文本立体传播策略。

如果说官网传播属于“面上传播”的话，那么博客传播则属于“点上传播”，而只有“点面结合”才能构筑起立体的传播格局。作为一种新兴的个性化媒体，以专业领域知识作为传播模式的博客更具有个人式的、点对点的深入探讨的可能。通过博客这个将私人领域转变为公共领域的平台，个人的社会知名度与栏目的品牌形象便成功地融合在了一起，个人的社会知名度可以扩大栏目的影响力，而栏目的影响力也可以反过来提高个人的社会知名度。相比较于其他媒体高昂的费用，博客传播的成本也较为低廉。《赢在中国》就运用博客进行了一次低成本的网络公共传播，不仅《赢在中国》的参赛选手而且制片人王利芬以及马云、牛根生等评委都开设了博客。

其实，电视节目不仅要在传播渠道上实现“立体”传播，而且在传播内容上也要实现多媒体互文本的传播。不仅要主动传播节目自身的文字、视频，而且也要发掘由粉丝们主动创作的“互文本”，这些文本往往是对某一主题加以解构，从而创造出喜剧或讽刺效果的一种网络娱乐文化，常见的一些形式是将一些既成视频加以改编后再次发布，属于二次创作的一种手段。有时候，这些“互文本”的内容会因为更符合网络传播的特点而具有比原文本更为强大的吸引力和传播速度。只要这种“互文本”的二次创作对栏目本身没有恶意攻击和负面影响，栏目制作人员大可不必在意，甚至还要将其作为热点内容进行推广。

最后，网络传播的口碑营销策略。

今天，随着电视频道和节目数量的几何级增长，电视受众的收视行为也在悄悄发生变化。在收看一部电视剧、一部电影、一个电视栏目之前，影视节目自己的宣传往往不被网民所信任，而是先到网上搜索其他受众的反响和评论，即影视内容的“口碑”。而口碑传播最好的平台与载体则非网络社区莫属。作为一个分享、交流、互动的空间，网络社区已经成为一个真正意义上的聚会场所，在一定程度上甚至可以取代人们在现实生活中的聚会场所。面对网络社区的火爆，口碑营销开始进入网络，并拥有了一个更为"网络化"的名字："病毒式营销"，"在马尔科姆·格拉德威尔撰写的著名小册子《引爆流行》中总结了这种'病毒性传播'的三个特征：感染性、小事变大后果以及突发而非渐进性"，"这是一种极其高效的信息传播方式，由于它是用户之间自发进行的，因此几乎不需要费用，却可以像病毒一样迅速蔓延。在网站推广、品牌推广等方面不乏'一夜成名'的先例"[①]。

媒体爆炸时代的今天，对于中国电视而言，"酒香不怕巷子深"的时代已经一去不复返了。那些在现实世界中已经拥有重大影响力的电视节目需要到网络世界中延长生命周期，以赚取更多的利润；而那些在现实世界中被淹没的电视节目则需要到网络世界中去重新寻找"第二个青春"，以收回投入的成本。换言之，网络能够让那些在电视屏幕上濒临灭绝的"高危动物"起死回生，也能让那些色彩绚丽的烟花向更为广阔的未来，而主动去打造一个强大而持久的网络影响力无疑是所有类型电视节目立足于网络虚拟世界的基本法则。

网络影响力——电视评价新指标[②]

随着网络在当今舆论导向中所发挥的独特作用，随着网络对广播电视等传统媒体显而易见的强劲冲击，网络"新"媒体与传统"旧"媒体之间的关系一度成为人们争论的焦点。虽然正像电视无法取代广播和报纸一样，网络也无法取代电视而独霸天下，但是网络这种新媒体与电视这种旧媒体之间究竟以一种怎样的关系存在始终是人们关心和讨论的重点。正如前国家广电总局局长王太华同志在2008年全国广播影视局长会议上所指出的，"要

---

① 何苗：《网络口碑营销，正面优化还是信息作弊》，《中华工商时报》2007年9月13日。

② 李岭涛，黄宝书：《网络影响力——电视评价新指标》，《中国广播电视学刊》2008年第7期。

正确处理传统媒体和新媒体的关系。传统媒体与新媒体相互依赖、相互促进、共同发展、共同提高，并将最终走向融合。传统媒体必须积极主动地发展新媒体、抢占新阵地，不断延伸发展空间，增强发展活力，占领信息传播制高点。……要积极探索发展新媒体的有效途径。深入研究新媒体受众分布和收听收视习惯，创作生产出更多适合新媒体传播的内容作品，形成网络广播影视文化品牌。”互联网络已经成为当下中国最具影响力的新媒体，它对电视造成的影响和冲击难以言表。正是在这种背景下，由中国广播电视协会、中国传媒大学和中央民族大学三家权威机构联合推出的课题《中国电视网络影响力报告（2008）》首次提出了“网络影响力”的概念，希望利用“网络影响力”这一新的指标完善现有的电视评价体系，对电视媒体发展新媒体起到积极的导向作用。基于网络对社会经济发展的重要意义，电视媒体在网络上的影响力很大程度上代表和反映着它的真实社会影响力。从这个意义上讲，考察中国电视媒体在网络上的虚拟影响力就等于考察中国电视的现实社会影响力。因此，网络影响力是一个连接电视与网络、体现传统媒体与新媒体融合趋势的全新的评价指标，它是对现有的以收视率为主要指标的电视评价体系的一次革命性补充和完善，更是理论上的一次全面创新。

一、什么是网络影响力

网络影响力的内涵归纳为三个方面，一是知名度指标，二是被关注度指标，三是网络收视度指标。所谓媒体知名度指标指的是由正式机构发布的关于某一电视媒体的信息量的总和。这一指标表明了某一电视媒体的信息在网络中信息传播的广度，选取了网络中主要搜索引擎的搜索结果的平均分作为最终得分；所谓媒体被关注度指标指的是某一电视媒体在网络各大论坛中被讨论的量，被讨论次数越多表明媒体越受关注。这一指标表明电视媒体在网络中的信息传播深度，选取了主要搜索引擎的论坛搜索结果的平均分作为最终得分；所谓媒体的网络收视度指的是电视媒体生产的内容在网络中被收看/被下载的次数，表明受众的主动收看行为，是电视媒体网络影响力的最高指标，选取了主要电视内容下载网站中电视节目的被下载次数的平均分作为最终得分。最后，三大指标的加权平均之和即为最终媒体网络影响力指标。

二、网络影响力的研究对象

网络影响力是一个新生事物，社会对它的认知度还不高。为了在较短时间内提高它的知晓度和被接受度，他们在具体操作中采用了排行榜的形式。课题组基于网络这一全球最大的媒介平台，透过虚拟世界映射现实境况，以网络传播效果作为评估电视栏目、电视频道和电视媒介事件影响力的全新标准，把研发对象概括为三部分，即2007年度最具网络影响力的电视栏目（省级卫视/央视）、最具网络影响力的省级卫视频道、最具网络影响力的电视事件。

TOP10排行榜略，具体可见李德刚、李岭涛的《电视网络影响力：中国电视评价标准发展的新坐标》一文，登载于2008年7月9日《中华新闻报》。

三、网络影响力指标的意义

网络影响力这一新的评价指标的建立，可以在电视领域建立一种带有一定强制性的导向机制，鼓励或强迫电视媒体积极向网络扩张自己的阵地。从网络发展的需求看，当前网络出现一些问题的主要原因是内容的缺失。电视媒体应该而且能够用它们长期积累下来的内容资源和内容生产优势占领网络媒体这一新阵地，使劣质内容无生存之地，为社会经济发展创造良好的网络环境。但是，电视媒体是从受众的心理特征出发来进行自己的内容生产活动的，而网民的心理特征与受众是有很大区别的，这就导致当前一些电视媒体简单地把现成的电视节目搬到网上后很难引起网民共鸣。同时，由于电视媒体很长时间以来一直处于强势地位，这导致了它们在开拓新领域等方面一定程度上存在惰性，主要表现在它们在新媒体的发展上照搬照抄电视媒体的经验和做法而鲜见创新。由此可见，新的导向机制的建立有助于电视媒体在发展新媒体方面取得较大突破。在这种机制作用下，电视媒体会积极创新，用反映网络媒体特点和网民心理特征的方式方法去发展网络媒体，在进行内容生产时不但研究受众的心理需求，而且能够主动研究网民的心理特征，使新生产的内容能够同时满足受众和网民的不同功能要求。在此基础上，电视媒体就能突破空间属性的限制，不但会大幅拓展电视媒体的发展空间，而且能够扩大我国各个领域建设成果的辐射力和感染力，增强我国在全球的话语权和主导国际舆论的能力和文化渗透力。

同样重要的是，网络影响力指标体系的建立有助于提高我国网络信息和电视信息的安全度。以收视率为例，它属于舶来品，相关的基础性技术和信息很大程度上被外资掌握，这对我国的信息安全是一个很大的威胁。而网络影响力则不然。据不完全统计，它的提出是中国乃至世界首次从网络角度对电视进行研究，网络影响力具有填补我国乃至世界理论空白的重要意义，它的研发是具有强烈自主知识产权的创新性活动。在国家网络安全日显迫切的国际大形势下，它的研发成果必然会大大提高我国在网络和电视媒体方面的国际软实力。

同时，网络影响力指标的提出，还将从一定程度上解决电视“唯收视率论”所带来的表面性和片面性等各种问题。一方面，收视率所表现的是受众在强制状态下做出的一种被动性反应，既无法反映受众的主动性要求，又无法代表受众的真实满意程度，更无法测量电视媒体的社会影响力。而在网络中，没有时间的强制性限制，没有频道的强制性选择，受众对某一电视节目的喜爱与憎恨可以最大限度地得到释放，这是一种发自内心的主动性的自我选择，而非被动性的强制观看。因此，一档电视节目在网络中的受欢迎才是真正地被喜爱，电视节目的网络影响力才是真正持久的社会影响力。另一方面，收视率指标评价的是在看电视的受众总数中有多少人看某个电视媒体的节目，而对于没有看电视的人是否了解某个电视媒体以及所持的看法等却无法评价。当前电视受众与网民呈现一定的分化趋势，即网民看电视越来越少。不容忽视的是，网民在现实及虚拟社会中经常担当舆论领袖的角色，因此尽管他们可能不直接看电视，但他们却可以通过网络来影响人们对某个电视媒体节目的看法和行为。

尽管此次课题的研发工作成果很丰富（四册120多万字的研发成果《中国电视网络影响力报告》已经由社会科学文献出版社出版），但由于客观条件的限制仍然存在系统性不足、定性有余而量化不足、缺少符合调查统计原则的分析模型等明显的硬伤。这还有待于在今后的研发工作中逐步把这些问题解决，将电视的网络影响力进一步量化，确立中国电视新的评价体系，改变人们对电视创新的传统认识，为电视创意的爆发提供全新的视角，促使人们对电视的市场格局进行重新认识，力争把《中国电视网络影响力报告》打造成为年度性品牌和影响中国电视界的标志性事件。

理论创新与实践价值：互联网时代电视评价体系的建构①

一、媒介环境变迁与网络影响力评价指标的提出

从世界范围来看，当前对于电视节目的评价主要存在两种方式：一种是基于定量调查的收视率指标，主要代表国家是商业电视盛行的美国；另一

① 李德刚，李岭涛：《理论创新与实践价值：互联网时代电视评价体系的建构》，《现代传播》2009年第9期。
2008年李岭涛率领的《中国电视网络影响力研究》课题组不断壮大，成员单位在原来中国广播电视协会、中国传媒大学、中央民族大学基础上又增加了南开大学，专家团队也由上一年的30多人扩充到100多人。
研究成果日渐成熟，电视媒体的网络影响力在原来三项指标的基础上增加了网络美誉度指标。因此，网络影响力主要由四项指标构成，一是网络知名度指标，二是网络被关注度指标，三是网络收视度指标，四是网络美誉度指标，四大指标的加权平均之和即为最终网络影响力指标。（接下页）

种则是基于定性研究的欣赏指数（Appreciation Index），即满意度指标，主要代表国家是公共广播占主导的英国。收视率指标解决的主要是有多少人观看的问题，对于受众观看后的反应则无能为力；满意度指标的提出则在一定程度上解决了受众对一档节目的态度问题。收视率之所以会成为美国评价电视节目的主要标准，其根本原因便在于美国的广播电视是世界上商业化程度最高的媒介产业。商业的特性决定了美国的电视台必须以收视率作为节目宗旨，以赢得广告商青睐。与美国不同，英国的广播电视在主体上属于公共广播电视体制，这种体制在赋予 BBC 这样的电视台更多传播知识与信息义务的同时，也获得了以收视费为支撑的经济保障。这种严格限制商业力量的理念，直接导致英国媒介研究者对收视率的不屑一顾，他们甚至预言“受众测量的方法已经走上一条不归之路，它将可能彻底失去其立论基础——再也不能认为看电视是一种简单的行为，可以被客观地测量出来”①。在他们眼中所谓收视率“仅仅是用一些概括的和标准化的收视行为变量来描述各种不同类型的受众以及他们之间的差异，所有其他的认同和差别却因此被忽略了”②。正是在这样的媒介环境下，英国的电视节目评估由美国人对“量”的追求，转向对“质”的崇尚。英国的媒介研究学者更关心的是“看电视，对受众而言，意味着什么”，而不是有多少人在看电视。于是，英国的媒介研究者提出了“电视节目欣赏指数”（Appreciation Index）这一定性的指标。欣赏指数又被称为“受众满意度”（Audience Reaction Survey）。如果说“收视率”更加侧重“数量”标准的话，那么满意度就更加注重对“质量”的考核。

2009 年 6 月，课题组第二次发布研究成果《中国电视网络影响力报告（2009）》，报告内容也由上一年度的十大电视事件、十大省级卫视栏目、十大省级卫视频道、十大央视栏目四方面扩充到 2008 年度中国最具网络影响力的十大电视人物、十大 CCTV 栏目、十大电视事件、十大电视剧、十大省级卫视频道、十大省级卫视栏目、十大社会制片栏目、十大地面频道、十大城市电视台九个方面。

① ［英］戴维·莫利：《电视、受众与文化研究》，史安斌，主译，新华出版社，2005 年版，第 204 页。

② 李德刚，李岭涛：《理论创新与实践价值：互联网时代电视评价体系的建构》，《现代传播》2009 年第 9 期。

改革开放之前，“收视率”被作为资本主义的异端而不见容于中国的主流意识形态。但随着我国电视业的市场化转型，收视率开始登堂入室，走向前台。中国传媒大学教授刘燕南等①的研究发现，收视率指标“普遍受到各电视台的高度重视。所有电视台都购买了商业性调查公司的收视率数据，有些电视台还购买两家或两家以上公司的收视率数据，以进行比照和分析”，在影响电视台决策的诸因素中，“收视率已经成为一个不可或缺的、有时甚至是唯一起作用的因素”。与之形成鲜明对比的是，虽然“‘定性’受众调研方式本身在与时俱进，受众的意见反馈量总体上呈上升趋势，受众的主动性在不断增强”，但“各电视台对于受众意见反馈的重视程度以及受众意见之于传播决策的影响力，都在逐渐下降”。换言之，“受众意见反馈被逐渐边缘化，而收视率反馈则已然制度化”。刘燕南教授等认为，之所以会出现这种反差，其主要原因是“受众意见反馈比较零乱和分散，难以科学量化，亦难以覆盖那些‘沉默的多数’和‘矜持的少数’”。谁都不能否认，受众是电视节目的上帝。没有任何一个节目敢于置受众的意见于不顾而一意孤行。但是因为受众意见反馈的零乱与分散，使得节目制作者很难从整体上把握这些意见的总体趋势，也不能像收视率那样简化为直观的数字。这直接导致了受众反馈的弱化，如果长期忽视受众的心声，必将影响受众的节目忠诚度。网络的出现，为将受众反馈量化提供了可能。一方面，在网络中可以通过网页文本分析对网友们对某档电视节目的反馈内容进行收集和分析，解决受众反馈零乱和分散的问题；另一方面，随着网络的普及，在网络中主动发表意见的网民越来越多，网络中信息的数量也日渐增多，在一定程度上可以解决由于发言人数少而不具代表性的问题。

然而，无论是收视率指标还是满意度指标都是对电视媒介一次性传播、瞬间传播、强制性传播、单向传播的传播效果的测量，是基于旧有媒介形态之上的检测工具。传统意义上的电视是一种一次性的、瞬间即逝的、单向的、

① 刘燕南，商建辉：《反馈的变奏：“数字受众”vs“意见受众”——中国电视台受众反馈现状调研报告》，《现代传播》2008年第2期。

强制性的传播媒介，受众在整个传播链条中处于绝对劣势的地位，不仅无法重复观看，而且也不能与电视传播者直接即时交流。随着新兴媒体的普及，电视内容开始向网络等多媒体渠道延伸，传统电视的媒介特点也逐渐被“多次性、随时性、双向性、互动性”所替代。无论是传播范围、传播信息量以及覆盖人群等，网络环境中的电视影响力都已显示出超越传统媒介环境中电视的趋势。这时收视率或者满意度指标只能对电视频道中即时播出的节目的传播效果进行衡量，而对于在网络这一新兴媒体中的影响力则无能为力。然而，最新的调查数据却一再表明，越来越多的电视受众开始放弃在电视机前观看电视，而是选择到PC或者手机上观看视频。这也就意味着电视节目的多次、多渠道、长久传播将成为主要的传播形态，这种传播形态甚至会超越电视本身所具有的影响力。

与电视传播形态变迁相比，收视率单一评估体系的缺陷越来越明显。针对以上提到的受众信息反馈零乱与难以量化的问题、针对电视节目在网络中影响力日趋超越电视影响力的问题，从更好地收集网民反馈信息的角度出发，从更全面反映电视节目影响力的初衷出发，为了更好地服务于电视节目的创新，更准确地衡量一档电视节目的社会影响力，中国电视网络影响力课题组提出了“网络影响力”的概念，以期对电视内容、电视机构以及电视人物等在互联网世界中的影响力以及在网民中的评价进行调查与评估。这不仅有利于全面检测电视节目的社会影响力，而且也有利于推动电视节目的网络化生存，推进中国传统媒体与新兴媒体融合的进程。

二、网络影响力评价体系的构成

所谓“电视网络影响力”，不是“电视网络的影响力”，而是指“电视在网络这个虚拟世界中的影响力”，具体而言是指“电视组织、电视内容、电视人物和电视事件等在网络世界中所具有的知名度、被关注度、收视度以及美誉度等”。网络影响力指数包含四个指标，一是知名度指标，指的是由正式机构发布的关于某一电视媒体的信息量的总和。这一指标表明了某一电视媒体的信息在网络中传播的广度，主要以样本网站搜索引擎的搜索结果为依据。二是被关注度指标，指的是某一电视媒体在网络各大论坛以及博客中被讨论的量，被讨论次数越多表明媒体越受关注。这一指标表明电视媒体在网络中的信息传播深度，主要以样本网站搜索引擎的论坛搜索结果为依据。三是网络收视度指标，指的是电视媒体生产的内容在网络中被收看 / 被下载的次数，表明受众的主动收看行为，主要以样本网站中电视节目的被下载次数为依据。四是网络美誉度指标，指的是网友对电视品牌评价所持的满意及赞美程度。网络知名度和被关注度是网络美誉度的基础；而美誉度才能真正反映了电视品牌在消费者心目中的价值水平。美誉度是以知名度和被关注度为前提的，知名度和被关注度可以通过宣传手段快速提升，而美誉度则需要通过长期的品牌经营方能树立起来。四大指标的加权平均之和即为最终电视网络影响力指数。

在确定细分指标之后，还需要确定具体指标的数据调查方法与数据计算方法，这直接关系到网络影响力指数的准确与否。《中国电视网络影响力报告（2009）》的数据调查技术与处理技术在以下六个方面进行了改进：

第一，调查方式由“全面调查”调整为“抽样调查”，调查数据更为客观。由于网站种类繁多，计算全部网站各类数据的工作几乎是不可能的，也是没有必要的，只要通过科学抽样的方法选择若干种富有代表性的样本网站，并计算这些样本网站的相关数据，就足以反映整个互联网影响力指数的变动趋势。同时，依据稳定性和动态跟踪相结合的原则，采用类型抽样、等距抽样以及多阶抽样等方法，课题组对所选用样本网站进行定期调整，用具有活力的、更有代表性的网站替代那些人气低下、失去代表性的网站。这种选取方法在保证样本网站具有较高的代表性和典型性的同时，也保证了对网民的覆盖率，能够最大限度地反映网民的意愿；更重要的是支撑指数走势的样本力量将更加多元，个别网站影响指数整体走势的可能性进一步降低，这就在很大程度上减少了人为操纵的可能性，指数变得更为客观和真实。

第二，指数计算方法由“绝对计算”调整为“相对加权计算”，调查结果更加稳定。网络影响力指数是反映电视媒体在互联网上不同时期的影响力变动情况的相对指标。不同的网站，地位也不相同，对受众影响的大小也存在较大差异。加权法按样本网站在市场中的地位利用分级靠档技术分别赋予不同的权数，地位重要的权数大，地位次要的权数小。这种做法可以有效避免由网站相关数据频繁变动带来的跟踪成本增加的问题，使不同时期的数据可以进行比较，便于电视媒体进行跟踪。

第三，调查指标由侧重“知名度”调整为侧重“高品质”，“网络美誉度”指标的增加使得评价体系更为全面。知名度高并不代表影响力大，影响力大并不代表美誉度高。因此，2008 年度的调查，在网络知名度、网络被关注度以及网络收视度三大指标的基础上，又增加了网络美誉度指标，并赋予较大权重，以改善知名度高、满意度低的问题。今年的调查结果也在一定程度上证明了这种调整的必要性和科学性。完善后的调查系统将更加严谨，那些既具有爆炸性效果又具有长久性影响，既具有轰动效应又具有较高品质的电视作品更容易脱颖而出。这使得本调查的导向性作用更为明显。

第四，调查过程由“半自动”升级为“全自动”，网络调查与数据分析大型系统的开发成功使得调查过程更为简捷。为减少人为分析带来的主观性，课题组的技术团队开发出一套较为完善的网络调查软件，能够对被调查对象的网络传播情况进行自动追踪、自动生成，既提高了调查效率，也保证了调查结果的客观。

第五，调查数据发布平台由单一走向多元，由年度性发布走向实时性发布，数据发布将更为及时。在实现了电视内容网络传播实时跟踪调查之后，为了将调查数据更好地服务于社会，课题组在定期发布年度性图书报告的同时，也建立起了自己的官方网站和专业杂志。一些基本数据将会定期在官方网站和专业杂志上免费向社会公布，以供业界和学术界研究使用。

第六，调查对象由省级以上频道延伸到地方频道和社会栏目，调查对象更为全面。在原有四大排行榜的基础上，增加了地面频道、城市电视台、电视剧、电视人物以及社会制片栏目等五大类的调查。除县级台外，中国的各级各类电视机构基本都被纳入了评选的范围之中。这不仅是地方电视台的呼声，也是网络时代全球化传播的要求。如何借助无形的互联网突破有形的地域限制，是中国所有电视台都希望突破的难题。

至此，中国电视网络影响力调查与评估体系得以确立。当然，任何调查方式与方法都不可能是完美的，本调查方法同样也存在很多的问题。如何更好地去完善还希望业界同人来共同努力。

三、2009 中国电视网络影响力调查结果

经过专家推荐大名单、网络数据调查分析等严格的调研过程之后，在 30 多名科研人员一年多的努力下，《中国电视网络影响力报告（2009）》终于由中国广播电视出版社出版，2008 年度中国最具网络影响力的十大电视人物、十大省级卫视频道、十大地面频道、十大城市电视台、十大 CCTV 栏目、十大省级卫视栏目、十大电视剧、十大社会制片电视栏目、十大电视事件等九个排行榜随之隆重推出。当然，由于时间、能力等的限制，现有调查肯定还存在较多的问题，恳请各位专家多多指教。

（一）中国最具网络影响力的十大电视人物

（1）杨澜；（2）郭振玺；（3）李晓枫；（4）王长田；（5）马国力；（6）汪文斌；（7）闫爱华；（8）刘长乐；（9）黎瑞刚；（10）欧阳常林。

简评：北京奥运会、经济危机、四川大地震等为电视平台和平台中的决策者提供了表演的舞台。杨澜、马国力、汪文斌等都是“因奥运之名”而走向了网络。作为奥运大使的杨澜在 2008 年度的网络影响力主要来自奥运会期间播出的《杨澜访谈录·东方看奥运》节目；而马国力网络影响力的来源则主要是其北京奥林匹克转播有限公司（BOB）首席运营官身份的传播效应；央视网总经理汪文斌也凭借奥运会将央视网提升到了前所未有的地位；央视经济频道总监郭振玺的网络影响力则主要来自他所领导的经济

频道在对由美国金融危机引发的全球性的经济危机的报道中的出色表现。齐鲁电视台的台长闫爱华能够胜出的主要原因则是齐鲁电视台在四川大地震中的优异表现以及他所倡导的国内“Break 新闻”的全新理念。与上述人物不同，李晓枫、王长田、刘长乐、黎瑞刚、欧阳常林等人的网络影响力主要来自他们在其所领导的媒介帝国里所创造的奇迹。这种奇迹的发生不是通过“大事件”的轰动效应而在一夜之间带来的，而是他们长久以来对自己所倡导理念持续不断的坚守，这种坚守终于在今天迎来了意料中的收获。因为坚守，所以更值得尊重。

（二）中国最具网络影响力的十大省级卫视频道

（1）湖南卫视；（2）东方卫视；（3）江苏卫视；（4）广西卫视；（5）浙江卫视；（6）北京卫视；（7）安徽卫视；（8）四川卫视；（9）黑龙江卫视；（10）云南卫视。

简评：湖南卫视终于用实力证明自己依然是中国省级卫视的老大。在去年微弱差距输给北京卫视、屈居第二之后，今年强力反弹，登上榜首。东方卫视也在去年第四名的基础上冲至亚军，上升势头非常明显。而下降最快的则是北京卫视，虽然有《龙的传人》等大型活动支持，但与去年的冠军地位相比，今年直落 5 位。可见，《龙的传人》与《红楼梦中人》相比还有较大差距。另外值得关注的是广西卫视和黑龙江卫视，广西卫视由 2007 年的第九飙升至第四，幅度惊人。而黑龙江卫视作为偏居一隅、默默无闻的电视台，却能冲入前十，也非常值得关注。

（三）中国最具网络影响力的十大地面频道

（1）湖南经视频道；（2）山东齐鲁频道；（3）上海第一财经频道；（4）北京电视台影视频道；（5）江苏城市频道；（6）中国教育电视台三套；（7）陕西电视台都市青春频道；（8）湖北电视经济频道；（9）广东珠江频道；（10）河北经济生活频道。

简评：省部级的地面频道中，基本都是财经频道的天下。十大频道，经济频道占据四席。令人意外的是，拥有更大知名度的上海第一财经频道却输给了以娱乐节目见长的湖南经视频道。山东齐鲁频道、江苏城市频道等长期以来都是当地的强势频道，直播节目、民生节目等节目类型的不断创新，持续吸引着网友的关注。陕西电视台都市青春频道的入围，说明我国西部省份电视台对网络的重视开始增强。

（四）中国最具网络影响力的十大城市电视台

（1）广州电视台；（2）沈阳电视台；（3）杭州电视台；（4）青岛电视台；（5）武汉电视台；（6）大连电视台；（7）宁波电视台；（8）南京电视台；（9）苏州电视台；（10）珠海电视台。

简评：作为入围十大城市中经济实力作为雄厚的省会城市，广州电视台获得冠军并不十分令人奇怪。包括沈阳、杭州、武汉、宁波、南京等电视台在内，十大城市电视台中，省会城市电视台就占据了六席。不仅表明了省会城市的先天的文化优势，而且也证明了经济影响。青岛、大连、苏州、珠海同样是经济较为发达的活力城市。西部电视台在城市台调查中全军覆没。中国电视台的东西部差距由此可见一斑。

（五）中国最具网络影响力的十大 CCTV 栏目

（1）《百家讲坛》；（2）《同一首歌》；（3）《艺术人生》；（4）《星光大道》；（5）《焦点访谈》；（6）《对话》；（7）《经济半小时》；（8）《新闻 1+1》；（9）《走近科学》；（10）《咏乐汇》。

简评：《百家讲坛》蝉联冠军。《焦点访谈》仅列第五。网民用自己的行为表明了自己的立场。《百家讲坛》这样知识类的节目凭借着知识性价值不断延伸着自己在网络中的生命。而《焦点访谈》虽收视率颇高，但在网络中却不及《百家讲坛》。《咏乐汇》这样形式新颖的节目仅用半年的时间就冲入前十，不得不佩服李咏以及嘉宾的号召力。《新闻 1+1》的入围，说明任何时刻网友都希望听到真实的、有分量的新闻解读。

（六）中国最具网络影响力的十大省级卫视栏目

（1）东方卫视《波士堂》；（2）湖南卫视《舞动奇迹》；（3）江苏卫视《人间》；（4）浙江卫视《我爱记歌词》；（5）湖南卫视《智勇大冲关》；（6）辽宁卫视《王刚讲故事》；（7）北京卫视《五星夜话》；（8）贵州卫视《论道》；（9）安徽卫视《周日我最大》；（10）湖北卫视《音乐集结号》。

简评：与央视栏目类似，高居省级卫视栏目榜首的不是真人秀等娱乐节目，而是高品位的经济类节目，一方面说明这类节目独特的网络价值，另一方面也说明，真人秀节目开始慢慢被网民抛弃。落后、重复的选秀模式已经开始让观众产生审美疲劳。中国真人秀类节目，只有《舞动奇迹》一家入围。另外，值得关注的是，类似《人间》《王刚讲故事》等社会传奇类节目的兴起。网络世界中的猎奇心理丝毫不逊于真实世界。

（七）中国最具网络影响力的十大电视剧

（1）《李小龙传奇》；（2）《丑女无敌》；（3）《闯关东》；（4）《甜蜜蜜》；（5）《乡村爱情 2》；（6）《马文的战争》；（7）《夜幕下的哈尔滨》；（8）《舞者》；（9）《女人花》；（10）《我们生活的年代》。

简评：《李小龙传奇》当之无愧地登上了中国电视剧网络影响力的宝座。凭借着李小龙的国内、国际号召力，一部制作水准平平的电视剧却一举登顶，李小龙在国人心目中的地位由此可见一斑。最物美价廉的或许就是《丑女无敌》了，类似室内情景剧风格的职场故事，“雷人”的演员造型却迅速为网友所喜爱。其他诸如《闯关东》《甜蜜蜜》《舞者》《我们生活的年代》等也凭借着精良的制作赢得了网民的芳心。

（八）中国最具网络影响力的十大社会制片电视栏目

（1）《娱乐现场》；（2）《鲁豫有约》；（3）《音乐风云榜》；（4）《超级访问》；（5）《美丽俏佳人》；（6）《杨澜访谈录》；（7）《快乐生活一点通》；（8）《生活广角》；（9）《最佳现场》；（10）《谁在说》。

简评：《娱乐现场》不仅是娱乐节目中收视率的冠军，而且在网民中也拥有超凡的影响力。作为中国最为老牌的民营电视节目代表，《娱乐现场》的成功绝对是长期积累的结果。《鲁豫有约》则凭借着鲁豫炉火纯青的谈话技巧，让众多明星打开了心扉，吸引了网民的眼光。此外，《杨澜访谈录》《超级访问》等节目也都是依靠著名主持人和著名嘉宾在聚集人气。而《谁在说》的获奖靠的则是争议话题的魅力。

（九）中国最具网络影响力的十大电视事件

（1）“我型我秀”；（2）“龙的传人”大型电视选拔活动；（3）“2008感动中国”；（4）“圆梦 2008——点燃你心中的圣火”；（5）“2008 CCTV中国经济年度人物”；（6）“2008 年度三农人物推介活动”；（7）“爱的奉献”——抗震救灾大型募捐活动；（8）“绝对唱响”；（9）“直击华尔街风暴”；（10）“爱心融冰总动员”。

简评：在对 2008 年的大型电视活动进行调查的过程中发现，中国网民除关注“我型我秀”等选秀活动外，“2008 感动中国”“圆梦 2008——点燃你心中的圣火”“2008 CCTV 中国经济年度人物”“2008 年度三农人物推介活动”“爱的奉献——抗震救灾大型募捐活动”“爱心融冰总动员”等大型社会公益活动成为中国网民关注的热点，而“直击华尔街风暴”的入围则是全球经济危机的“贡献”。

参考文献

一、课题组成员相关研究成果

1. 李岭涛：《实战中国电视》，中国工商出版社，2003 年版。

2. 李岭涛：《品牌中国电视》，中国广播电视出版社，2006 年版。

3. 李岭涛，等：《地面突围——中国电视省级地面频道四小龙》，中国广播电视出版社，2007 年版。

4. 李岭涛：《电视节目的财务经营分析》，《中国广播影视》2007 年第 3 期。

5. 李岭涛，游智宏：《手机改变电视》，《中华新闻报》2007 年第 5 期。

6. 李岭涛，罗霆：《电视媒体的发展趋势分析》，《广播电视信息》2007 年第 6 期。

7. 李岭涛，游智宏：《对手机记者的预测性分析》，《中国广播电视学刊》2007 年第 11 期。

8. 李德刚，李岭涛：《电视网络影响力：中国电视评价标准发展的新坐标》，《中华新闻报》2008 年 7 月 9 日。

9. 李岭涛，等：《网络影响力：中国电视的新型评价体系》，《现代传播》2008 年第 3 期。

10. 李岭涛，等：《中国电视网络影响力报告（2008）》（共四册），社会科学文献出版社，2008 年版。

11. 李岭涛，等：《中国电视网络影响力报告（2009）》（共九册），中国广播电视出版社，2009 年版。

12. 李岭涛，黄宝书：《网络影响力：电视评价新指标》，《中国广播电视学刊》2008 年第 7 期。

13. 李德刚，李岭涛：《电视网络影响力：媒介研究的新领域——兼评2008 年度中国电视网络影响力调查结果》，《广播电视信息》2008 年第 7 期。

14. 李岭涛:《网络影响力，中国电视评价标准的革命》，《中国广播影视》2008 年第 8 期。

15. 李岭涛:《Break！重大新闻、最新消息插入式直播》，《中华新闻报》2008 年 12 月 3 日。

16. 李岭涛：《Break 新闻，确立影响力和公信力》，《广告导报》2009 年第 1 期。

17. 李岭涛，李晓梅：《"Break 新闻"提升齐鲁电视台影响力》，《市场观察》2009 年第 2 期。

18. 李岭涛：《金融危机背景下电视亟须消除三个短板》，《中国广播电视学刊》2009 年第 3 期。

19. 李德刚，李岭涛：《理论创新与实践价值——互联网时代电视评价体系的建构》，《现代传播》2009 年第 5 期。

20. 李德刚，李岭涛：《地面频道栏目的网络突围策略——〈零距离〉栏目的网络影响力分析》，《中国广播电视学刊》2009 年第 6 期。

21. 李德刚，李岭涛：《利用网络效应，提升电视价值》，《中国广播电视学刊》2009 年第 9 期。

22. 陶冶，李岭涛:《电视剧网络影响力的拓展与媒介责任》，《当代电视》2010 年第 7 期。

23. 李岭涛，姚远：《让农民看什么——中国对农市场供给状况分析》，《中国广播电视学刊》2010 年第 12 期。

24. 李德刚，李岭涛：《一超多强格局与春节效应凸显——2011 年 3 月份全国省级卫视频道网络影响力数据分析》，《中国广播电视学刊》2011

年第 5 期。

25. 李岭涛，戚缤予：《我国电视直播态势分析》，《现代传播》2011 年第 6 期。

26. 李岭涛，尹彦鑫：《我国 3D 电视产业的规制破冰分析》，《传媒》2011 年第 6 期。

27. 李德刚，李岭涛：《整体持续回落，湖南卫视首度登顶——2011 年 4 月全国省级卫视频道网络影响力数据分析》，《中国广播电视学刊》2011 年第 6 期。

28. 李德刚，李岭涛：《2011 年 5 月—10 月全国省级卫视频道网络影响力数据分析》，《中国广播电视学刊》2011 年第 7—12 期。

29. 李岭涛，赵煜：《TV3.0：开启电视新时代》，《现代传播（中国传媒大学学报）》2012 年第 2 期。

30. 李冬梅，李岭涛：《电视媒体的微博营销分析》，《当代电视》2012 年第 6 期。

31. 李岭涛，陈早霞：《卫视视界下的网络"根据地"分析》，《中国广播电视学刊》2012 年第 9 期。

32. 李岭涛，陈早霞：《手机催化电视传播新模式的预测》，《当代电视》2013 年第 3 期。

33. 李岭涛，于金伟：《手机：改变电视直播模式——北京大兴区广播电视中心的创新实践》，《中国记者》2013 年第 4 期。

34. 舒欣，李岭涛：《融合·协调·独特：电视专访中的会话策略解析——以央视〈看见〉周末版柴静专访为例》，《新闻知识》2013 年第 5 期。

35. 李岭涛：《中国礼俗，世界表达——当代电视礼俗传播的"文化示范"路径研究》，《电视研究》2013 年第 7 期。

36. 舒欣，李岭涛：《时政类电视新闻节目的"亲民化"改革——以央视〈新闻联播〉为例》，《青年记者》2013 年第 24 期。

37. 李岭涛，王艳：《见诸电视的我国女性形象分析》，《当代电视》

2013 年第 9 期。

38. 李岭涛，朱月：《解读央视〈新闻联播〉的新变化》，《中国广播电视学刊》2013 年第 9 期。

39. 李岭涛，黄灿：《电视媒体应用微信的误区及对策》，《中国记者》2013 年第 10 期。

40. 李岭涛，王艳:《全媒体背景下电视媒体的经营模式创新分析》,《电视研究》2013 年第 10 期。

41. 李岭涛，王艳：《全媒体时代电视媒体践行群众路线的创新方向》，《新闻与写作》2013 年第 11 期。

42. 李岭涛，李冬梅：《电视节目的新媒体融合力分析》，《电视研究》2014 年第 1 期。

43. 李岭涛，王艳：《“困局之下”我国电视媒体创新路径分析》，《经济与管理战略研究》2014 年第 3 期。

44. 李岭涛，卢思蕊：《综艺节目发展态势分析》，《当代电视》2014 年第 4 期。

45. 李岭涛：《4G 给电视带来什么》，《广告大观（综合版）》2014 年第 5 期。

46. 李岭涛：《用颠覆式创新推进电视台转型》，《电视研究》2014 年第 5 期。

47. 李岭涛，李冬梅：《理性辨析“唱衰电视”》，《现代传播（中国传媒大学学报）》2014 年第 5 期。

48. 李岭涛：《政治家意识与企业家思维相结合——电视媒体的发展之道》，《中国广播电视学刊》2014 年第 7 期。

49. 李岭涛:《电视媒体的企业家思维分析》,《电视研究》2014 年第 8 期。

50. 于晗，李素艳:《媒介融合背景下电视媒体的市场行为与市场绩效》，《电视研究》2014 年第 9 期。

51. 李岭涛：《推进电视媒体主导的协同创新》，《电视研究》2014 年第 12 期。

52. 王艳：《健康传播中的舆论引导创新——由北京卫视医疗纪实节目〈生命缘〉热播引发的思考》，《当代电视》2015 年第 1 期。

53. 于晗：《融媒时代电视媒体的差异化竞争策略》，《当代传播》2015 年第 2 期。

54. 李岭涛：《融合背景下电视媒体营销的新常态》，《电视研究》2015 年第 6 期。

55. 李岭涛：《“TV+”：对未来电视发展的判断》，《中国广播电视学刊》2015 年第 12 期。

56. 李岭涛：《BTV 开启广告营销新模式》，《声屏世界 · 广告人》2016 年第 3 期。

57. 李岭涛：《寻求电视广告经营的新突破》，《声屏世界 · 广告人》2016 年第 6 期。

58. 李岭涛：《5G：电视媒体发展的关键窗口期》，《声屏世界 · 广告人》2016 年第 12 期。

二、期刊论文、学位论文

1. 刘贤龙，胡国亮：《综合评价结果的合理性研究》，《统计研究》1998 年第 1 期。

2. 刘燕南，孟颖：《电视传播者眼中的收视率——“电视节目评价体系中收视率指标的地位和作用”调查分析》，《中国广播电视学刊》1999 年第 12 期。

3. 李虹伟：《建立完整的电视节目评价体系》，《新闻战线》2000 年第 5 期。

4. 张同道：《收视率与电视节目评估尺度》，《电影艺术》2000 年第 6 期。

5. 陈华峰：《电视节目播后评价体系探析》，《电视研究》2001 年第 7 期。

6. 李学东：《当前电视节目评价体系分析》，《电视研究》2002 年第 5 期。

7. 胡永宏：《综合评价中指标相关性的处理方法》，《统计研究》2002年第3期。

8. 梁帆：《收视率在电视台节目经营管理中的作用研究》，对外经济贸易大学，硕士学位论文，2002年。

9. 陈英:《电视节目评估体系理论框架研究》, 四川大学, 硕士学位论文, 2002年。

10. 曹湘屏：《建立电视节目评价体系的思考》，《电视研究》2003年第1期。

11. 邵强，李友俊，田庆旺：《综合评价指标体系构建方法》，《大庆石油学院学报》2004年第3期。

12. 杨凯：《美国电视节目评估体系及启示》，《中国广播电视学刊》2005年第2期。

13. 王云峰：《浅谈电视节目新型评估体系的构建》，《电视研究》2005年第7期。

14. 程士安:《电视节目的影响力探源——关于电视栏目的叙事与结构》,《新闻大学》2006年第1期。

15. 陆康：《浅谈电视文化娱乐类节目的影响力》，《声屏世界》2007年第4期。

16. 段鹏：《收视率与满意度的博弈——刍议电视节目传播影响力与收视率、满意度的关系》，《现代传播（中国传媒大学学报）》2007年第6期。

17. 杨琳, 李亦宁:《电视文化节目的传播影响力分析——以〈百家讲坛〉为案例》，《新闻知识》2007年第11期。

18. 陈旭鑫，曾薇：《着力提升农业类电视节目的品牌影响力——基于江西省农村收视情况的实证调查》，《江西农业大学学报（社会科学版）》2008年第4期。

19. 李圆圆：《电视科教节目影响力的打造——以天津电视台〈科教大视野〉为例》，《青年记者》2009年第32期。

20. 项仲平，杜海琼：《提升县级电视节目影响力的路径选择——〈热点面对面〉电视节目的实践与启示》，《新闻实践》2010 年第 9 期。

21. 吴立斌：《中国媒体的国际传播及影响力研究》，中共中央党校，博士学位论文，2011 年。

22. 李滨，王云峰：《从〈芒果大直播〉看电视节目影响力的拓展路径》，《中国电视》2012 年第 10 期。

23. 方琳：《〈中国好声音〉媒介影响力观察》，《湖南科技学院学报》2012 年第 12 期。

24. 周勇，陈慧茹：《多级传播路径下的网络视听信息影响力评估体系建构》，《现代传播（中国传媒大学学报）》2013 年第 3 期。

25. 刘小军，夏帆：《品牌节目成就电视媒体影响力》，《当代电视》2013 年第 12 期。

26. 金文雄，崔宇彤，闫伟：《电视节目：用正能量提升影响力》，《电视研究》2014 年第 1 期。

27. 刘帅军，何皑莹：《媒介生态学下构建的电视节目综合评估体系——以广东电视台综合评估体系为例》，《南方电视学刊》2014 年第 5 期。

28. 徐琦:《构建全媒体电视节目评估体系》,《中国编辑》2014 年第 6 期。

29. 李楠:《基于模糊综合评价法的〈中国好声音〉传播影响因素研究》，陕西师范大学，硕士学位论文，2014 年。

30. 周翔，李静：《传播影响力：概念、研究议题与评估体系研究评述》，《中国媒体发展研究报告（辑刊）》2014 年。

31. 胡恩：《节目网络影响力监测研究助力央视全媒体战略转型》，《电视研究》2015 年第 4 期。

32. 路璐，殷复莲，柴剑平：《跨平台电视节目“中传指数”评价系统》，《电视技术》2015 年第 7 期。

33. 白雪松，殷复莲，柴剑平：《电视节目播前播中播后跨平台评价方法研究》，《电视技术》2016 年第 4 期。

34. 沈正赋：《新媒体时代新闻舆论传播力、引导力、影响力和公信力的重构》，《现代传播》2016 年第 5 期。

35. 张迪：《〈中国汉字听写大会〉的节目形态及传播影响力研究》，云南师范大学，硕士学位论文，2017 年。

36. 杨晖：《“双微”精准传播对电视法制节目影响力的拓展》，《声屏世界》2018 年第 9 期。

37. 彭文胜：《论“交易价值”是电视财经新闻影响力提升的第一要素》，《视听》2018 年第 12 期。

38. 吕焕斌：《建设新型主流媒体　提升电视湘军影响力》，《新闻战线》2018 年第 17 期。

三、专著

1. [美] 斯蒂文 • 小约翰：《传播理论》，陈德民，等译，中国社会科学出版社，1999 年版。

2. [美] 罗杰 · 菲德勒：《媒介形态变化：认识新媒介》，明安香，译，华夏出版社，2000 年版。

3. 郭镇之：《电视传播史》，北京师范大学出版社，2000 年版。

4. 周鸿铎：《广播电视经济学》，中国广播电视出版社，2000 年版。

5. [法] A.J. 格雷马斯：《结构语义学》，蒋梓骅，译，百花文艺出版社，2001 年版。

6. 倪加勋：《抽样调查》，广西师范大学出版社，2002 年版。

7. 周鸿铎：《传媒经济丛书》（1—8 卷），经济管理出版社，2003 年版。

8. [英] 大卫 · 麦克奎恩：《理解电视：电视节目类型的概念与变迁》，苗棣，等译，华夏出版社，2003 年版。

9. [美] 布赖恩 · 卡欣，哈尔 · 瓦里安：《传媒经济学——数字信息经济学与知识产权》，常玉田，等译，中信出版社，2003 年版。

10. [美] 托马斯 · 达文波特，约翰 · 贝克：《注意力经济》，谢波峰，等译，中信出版社，2004 年版。

11. [英] 吉莉安 · 道尔：《理解传媒经济学》，李颖，译，清华大学出版社，2004 年版。

12. 李彬，王君超：《媒介二十五讲》，清华大学出版社，2004 年版。

13. [英] 奥利弗 · 博伊德 · 巴雷特，等：《媒介研究的进路》，汪凯，刘晓红，译，新华出版社，2004 年版。

14. 李岚：《中国电视产业评估体系与方法》，华夏出版社，2004 年版。

15. [美] 艾伦 · B. 阿尔巴朗：《电子媒介经营管理》，谢新洲，等译，北京大学出版社，2005 年版。

16. 周鸿铎：《媒介经营与管理丛书》（上辑、中辑、下辑，共 12 卷），经济管理出版社，2005 年版。

17. 周鸿铎：《应用传播学丛书》（1—6 卷），中国纺织出版社，2005 年版。

18. [加拿大] 柯林 · 霍斯金斯，等：《媒介经济学》，支庭荣，吴非，译，暨南大学出版社，2005 年版。

19. 袁克定：《数据统计分析与实践——SPSS for windows》，高等教育出版社，2005 年版。

20. [美] 沃尔特 · 李普曼：《公众舆论》，阎克文，江红，译，上海人民出版社，2006 年版。

21. [美] 丹尼斯 · 麦奎尔：《受众分析》，刘燕南，等译，中国人民大学出版社，2006 年版。

22. [美] 米切尔 · 古尔维奇，著；[英] 库兰，编：《大众媒介与社会》，杨击，译，华夏出版社，2006 年版。

23. [意] 玛格赫丽塔 · 帕加：《多媒体与互动数字电视——把握数字融合所创造的机会》，罗晓军，等译，人民邮电出版社，2006 年版。

24. [美] 罗伯特 · 皮卡特：《传媒管理学导论》，韩骏伟，常永新，等译，人民邮电出版社，2006 年版。

25.［法］贝特朗：《媒体职业道德规范与责任体系》，宋建新，译，商务印书馆，2006 年版。

26. 韩耀，张春法，等：《网络经济学：基于新古典经济学框架的分析》，南京大学出版社，2006 年版。

27.［英］保罗·科布利，莉莎·詹茨：《视读符号学》，许磊，田德蓓，译，安徽文艺出版社，2007 年版。

28.［美］阿德斯·布罗德里克·索恩，等：《媒介管理案例研究法》，王海，冯悦，译，中国人民大学出版社，2007 年版。

29. 王兰柱，等：《中国电视节目评估：理论与实践》，中国传媒大学出版社，2007 年版。

30. 孙建军，成颖：《应用数理统计》，东南大学出版社，2007 年版。

31. 薛薇：《统计分析与 SPSS 的应用》，中国人民大学出版社，2008 年版。

32. 王萍：《传播与生活，中国当代社会手机文化研究》，华夏出版社，2008 年版。

33.［美］约翰·费斯克：《传播研究导论：过程与符号》，许静，译，北京大学出版社， 2008 年版。

34.［美］尼尔·波兹曼：《娱乐至死·童年的消逝》，章艳，吴燕莛，译，广西师范大学出版社，2009 年版。

35. 张海潮：《电视节目整合评价体系》，中国传媒大学出版社，2009 年版。

36.［美］希伦·A. 洛厄里，梅尔文·L. 德弗勒：《大众传播效果研究的里程碑》，刘海龙，译，中国人民大学出版社，2009 年版。

37.［美］N. 格里高利·曼昆：《经济学原理》，梁小民，梁砾，译，北京大学出版社，2009 年版。

38.［美］洛厄里，德弗勒：《大众传播效果研究的里程碑》，刘海龙，译，中国人民大学出版社，2009 年版。

39. [法] 格雷马斯：《符号学与社会科学》，徐伟民，译，百花文艺出版社，2009 年版。

40. [美] 约瑟夫 · R. 多米尼克：《大众传播动力学：数字时代的媒介》，蔡骐，译，中国人民大学出版社，2009 年版。

41. [美] 威尔伯 · 施拉姆，威廉 · 波特：《传播学概论》，中国人民大学出版社，2010 年版。

42. [荷] 麦奎尔：《大众传播理论》，崔保国，李琨，译，清华大学出版社，2010 年版。

43. [英] 安德鲁 · 查德威克：《互联网政治学：国家、公民与新传播技术》，任孟山，译，华夏出版社，2010 年版。

44. 罗琴，虢亚冰，等：《电视节目评价体系研究》，中国广播电视出版社，2010 年版。

45. 张君昌，王志云：《广播电视节目评估概论》，中国广播电视出版社，2006 年版。

46. 清华大学新闻与传播学院：《全球传媒评论》，清华大学出版社，2010 年版。

47. 李洁明：《统计学原理》，复旦大学出版社，2010 年版。

48. 鲜思东：《概率论与数理统计》，科学出版社，2010 年版。

49. [美] 阿瑟 · 阿萨 · 伯格：《媒介分析技巧》，李德刚，等译，清华大学出版社，2011 年版。

50. 郑丽勇，等：《2010 中国新闻传媒影响力研究报告》，浙江大学出版社，2011 年版。

51. 陈虹，等：《电视节目形态：创新的观点》，复旦大学出版社，2013 年版。

52. 杨乘虎：《中国电视节目创新研究》，中国传媒大学出版社，2014 年版。

53. 强荧，焦雨虹：《上海传媒发展报告（2014）》，社会科学文献出版社，2014 年版。

54. 连少英：《电视产业多屏战略研究》，中国传媒大学出版社，2014 年版。

55. 上海市广播电视节目制作业行业协会：《2014 上海广播电视产业报告》，上海科学技术文献出版社，2015 年版。

56. 连少英：《美国品牌电视新闻节目研究》，中国传媒大学出版社，2016 年版。

57. [美] 珍妮特·斯蒂莫丝：《营销电视：全球市场中的英国电视》，王虹光，译，华中科技大学出版社，2016 年版。

58. 黄鸣刚：《电视传播与影响力》，中国广播影视出版社，2017 年版。

59. 刘珊，王薇：《新电视产业观》，东北林业大学出版社，2017 年版。

60. 中国广播电影电视社会组织联合会：《中国广播电视节目评估体系研究》，中国国际广播出版社，2018 年版。

61.Gross，Lynne；Gross，Brian；Perebinossoff，Philippe；Programming for TV，Radio and the Internet：Strategy，Development，and Evaluation，Routledge，2005.

62. Kackman，Michael；Binfield，Marnie；Payne，Matthew Thomas，Flow TV：Television in the Age of Media Convergence，Routledge，2010.

63. Barber，Bob；Sell Your TV Show Ideas：An Outsider's Guide to Getting Inside the TV Format Industry，Bookshaker，2012.

64. Proulx，Mike；Shepatn，Stacey；Social TV：How Marketers Can Reach and Engage Audiences by Connecting Television to the Web，Social Media，and Mobile，Wiley，2012.

65. Kompatsiaris，Yiannis；Merialdo，Bernard；Lian，Shiguo；TV Content Analysis：Techniques and Applications，Auerbach Publications，2012.

66. Na，Na；Small Screen Aesthetics：From TV to the Internet，British Film Institute，2013.

67. Moran， Albert；TV Format Mogul： Reg Grundy's Transnational Career， Intellect（UK），2013.

68. Bivens， Rena；Digital Currents： How Technology and the Public Are Shaping TV News，University of Toronto Press，2014.

69. Bryant， Andy； Mawer， Charlie，The TV Brand Builders： How to Win Audiences and Influence Viewers， Kogan Page，2016.

70. Bury， Rhiannon；Television 2.0： Viewer and Fan Engagement with Digital TV，Peter Lang Inc.， International Academic Publi，2018.

图书在版编目（CIP）数据

评价电视：中国电视节目影响力评价体系研究 / 李岭涛，王艳，李冬梅著. —北京：中国国际广播出版社，2019.9
ISBN 978-7-5078-4543-3

Ⅰ. ① 评… Ⅱ. ① 李…②王…③李… Ⅲ. ① 电视节目一社会影响一研究一中国 Ⅳ. ①G222.3

中国版本图书馆CIP数据核字（2019）第194667号

评价电视——中国电视节目影响力评价体系研究

著　　者	李岭涛　王　艳　李冬梅
责任编辑	何宗思
版式设计	国广设计室
责任校对	张　娜

出版发行	中国国际广播出版社［010-83139469　010-83139489（传真）］
社　　址	北京市西城区天宁寺前街2号北院A座一层
	邮编：100055
网　　址	www.chirp.com.cn
经　　销	新华书店
印　　刷	天津市新科印刷有限公司

开　　本	710×1000　1/16
字　　数	200千字
印　　张	14.25
版　　次	2019 年 9 月　北京第一版
印　　次	2019 年 9 月　第一次印刷
定　　价	68.00 元

CRI 中国国际广播出版社　欢迎关注本社新浪官方微博　官方网站 www.chirp.cn